# 힘을 다하여
# 주님을 증거하라

이 소중한 책을


특별히 _____님께


드립니다.

김장환 목사와 함께
주제별 설교 · 성경공부 · 예화 자료

· · ·

# 힘을 다하여
# 주님을 증거하라

나침반

# 목차

## 1. 서론 • 11

1. 주님을 증거해야 하는 이유
2. 증거할 내용
3. 전도의 방법
4. 전도의 대상
5. 전도자의 자질과 자세
6. 전도의 보상

## 2. 증거에 대한 설교 • 27

1. 영원한 생수
2. 청년이여 새벽을 깨우라!
3. 복음의 위력
4. 온 인류의 기쁜 소식
5. 전도자의 10가지 자질

## 3. 증거에 대한 성경공부 • 99

1. 예수 그리스도를 구주로 고백하는 생활
2. 예수 그리스도를 증거하는 생활
3. 증거를 위한 준비와 증거자의 자질
4. 간증의 생활

## 4. 예화 • 137

# 서문

주님을 증거하는 것보다 세상에 더 중요하고 시급하고 위대한 일은 없습니다. 주님을 증거하는 '전도'는 우리의 구원자이신 예수 그리스도의 지상명령으로(마 28:19,20) 그리스도인의 의무이자 특권입니다. 하나님이 우리를 선택하사 먼저 복음을 전해주신 이유는 이 복음을 세상에 전할 특별한 임무를 맡기시기 위해서입니다.

먹든지 마시든지 무엇을 하든지 하나님의 영광을 위해 하라고 권면했던 사도 바울의 말처럼(고전 10:31) 그리스도인의 모든 삶은 하나님의 영광을 드러내는 증거의 삶이어야 합니다. 직접 보고, 듣고, 느끼고, 목격한 생명의 말씀을 전한다고 고백했던 사도 요한처럼 우리도 나를 찾아오신 살아계신 주님을 떠올리며 구원의 감격이 살아있는 생명의 말씀을 전해야 합니다.

"우리는 보고 들은 것을 말하지 않을 수 없노라"라는 사도행전 4장 20절의 말씀처럼 수많은 믿음의 성현들을 통해 복음은 우리에게까지 이어져 내려왔습니다. 세상에 내려오신 예수님이 전하시고, 예수님을 통해 변화된 제자들이 전파하고, 그 복음으로 변화된 수많은 증인들이 다시 세계만방에 전했듯이 우리가 경험한 주님의 놀라운 사랑과 은혜를 우리도 다시 세상에 전해야 합니다. 복음이 세상으로 흘러가지 않고 고인다면 세상 사람들은 유일한 구원의 방법을 알지 못해 피할 수 없는 형벌로 영원한 죽음을 당할 수밖에 없게 됩니다.

당장 지금부터라도 하나님의 나라가 세상 가운데 확장되기를 바라는 마음으로 삶의 일선에서 우리는 복음을 전해야 합니다.

복음을 전하는 살아있는 신앙생활의 비결을 모든 사람에게 가르치기 위해 이 책은 기존의 책과는 조금 다르게 세 가지 부분으로 구성되어 있습니다.

**첫째**, 전도에 대한 설교 내용을 핵심 위주로 요약 및 정리해 누구나 쉽게 읽을 수 있도록 만들었습니다.

**둘째**, 한국 교회 성장에 크게 기여한 구역 모임이나 그룹 성경공부에서 교재로도 사용할 수 있게 만들었습니다.

**셋째**, 설교나 여러 모임에서 적절하게 활용하면 좋을 전도에 관한 예화를 수록했습니다.

세상에서 주님을 간절히 증거할 진정한 그리스도인이 그 어느 때보다 필요한 오늘날입니다. 이 한 권의 책으로 변화된 성도들이 복음의 전달자로 바로 서며 한 번 더 뜨거운 부흥이 온 땅을 뒤덮게 되기를 소망합니다.

# 증거에 대한 명언들

● 제3세계의 사람들은 우리가 전파하는 속도를 뛰어넘는 열망으로 복음을 고대하고 있다. 오늘날은 참으로 구원의 때이다 – 조지 W. 피터스

● 세상 사람들은 하나님이 계시다는 사실을 벌써 알고 있다. 그들에게 필요한 것은 그리스도의 사랑에 대한 증거다. – 진젠도르프 백작

● 예수님은 인류를 '구원 받은 사람과 아직 구원 받지 못한 사람' 두 가지로 구분하신다. 즉, 한 번 태어난 사람과 두 번 태어난 사람이다. 모든 사람은 이 둘 중 하나에 속한다. – 스탠리 존스

● 하나님의 말씀을 배우면 배울수록 깨닫게 되는 것은 교회의 가장 중요한 일은 잃어버린 영혼들을 주님께로 인도하는 일이라는 사실이다. – O.J. 스미스

● 만약 오늘날 예수님이 세상에 계신다면 우리를 불러놓고 가장 먼저 급하게 "가서 전하라"라고 말씀하실 것이다. 아직도 구원 받지 못한 수억 명이 넘는 사람들이 존재하기 때문이다. – 우찌무라 간조

● 전도란 우연히 예수님을 만나 일어나는 일이 아니다. 예수님은 인류를 구원하시려고 모든 방법을 동원하셨기에 우리에게 주어진 것이다. 우리도 동일한 노력으로 복음을 전해야 한다. – B.A. 무어

● 선교사는 군대의 맨 앞줄에 서 있는 돌격병이며 모든 성도들은 십자가의 군병이다. – 작자 미상

● 종교는 모범에 의해 계속해서 전해진다. 다른 사람에게 전하지만 않는다면 금방 사라질 것이다. – 쇼펜하우어

● 나에게 만일 30명의 아들이 있다면 모두 다 선교사가 되기를 원한다. – 수잔나 웨슬리(요한 웨슬리의 어머니)

● 교회의 주요 책무는 오직 전도라는 사실을 잊지 말아야 한다. 진리가 불분명해지고 사람들의 인기를 얻으려고 교회가 눈치를 보다가는 참 진리로써의 기독교는 종말을 고할 것이다. – 하르낙

● 100명의 교인이 1년에 한 명씩만 전도해도 200명이 된다. 이 200명이 또 1년에 단 한 명만 전도해도 400명이 된다. 이런식으로 25년만 지나면 전 세계의 모든 사람들이 그리스도인이 된다. – 김진서

● 예수님을 믿음으로 구원받은 사람들은 그 값을 전도로 지불해야 한다. 구원받은 성도들이 주님을 세상에 전하지 않는다면 도대체 누가 전하겠는가? – 마틴 루터

● 한 영혼을 거듭나게 하는 사람은 우물에서 물을 길어다 주는 것과 같지만 전도자를 훈련시키는 사람은 수천 명이 영생하도록 마실 수 있는 우물을 파는 사람과 같다.
  – 찰스 스펄전

# 1

# 서론

증거란 확실히 체험했을 때에만 가능한 일이다.

우리는 직접 보고 듣고 느끼지 못한 것은 다른 사람에게 증거할 수 없다. 적당히 지어서 둘러대거나 어디서 들은 얘기를 전한다 해도 결국 진심이 전달되지 않는다.

그리스도인은 복음을 체험하고 목격한 '증인'이다.

법정에서 사실을 확인하기 위해 증언하는 증인처럼 그리스도인은 때때로 목숨을 걸고 복음을 증언한다. "예수 그리스도에 대한 자신의 경험과 지식을 전하는 것", 즉 예수님에 대한 증거는 저절로 전도와 이어진다. 증거하지 않아도 전도는 할 수 있다. 그러나 직접 체험한 예수님을 증거하는 것보다 더 강력한 전도는 없다.

"태초부터 있는 생명의 말씀에 관하여는 우리가 들은 바요 눈으로 본 바요 주목하고 우리 손으로 만진 바라 이 생명이 나타내신바 된지라 이 영원한 생명을 우리가 보았고 증거하여 너희에게 전하노니 이는 아버지와 함께 계시다가 우리에게 나타내신바 된 자니라 우리가 보고 들은 바를 너희에게도 전함은 너희로 우리와 사귐이 있게 하려 함이니 우리의 사귐은 아버지와 그 아들 예수 그리스도와 함께 함이라" – 요한1서 1장 1–3절

# 1. 주님을 증거해야 하는 이유

그리스도인은 언제나, 어디서나, 누구에게나 복음을 전할 준비가 되어 있어야 한다. 단순히 전도지를 건네거나, 성경 말씀을 전하며 전도할 수도 있지만 무엇보다도 내가 체험한 주님을 증거하는 것이 중요하다. 그리스도인들이 항상 전도에 촉각을 곤두세우고 있어야 하는 큰 이유는 다음의 여섯 가지가 있다.

## (1) 복음은 기쁘고 복된 소식이기 때문이다.

"지극히 높은 곳에서는 하나님께 영광이요 땅에서는 기뻐하심을 입은 사람들 중에 평화로다 하니라" – 누가복음 2장 14절

우리가 가지고 있는 복음, 전해야 할 복음은 세상의 그 어떤 소식보다 기쁘고 복된 소식이다. 하나님이 나를 사랑하사 독생자 예수 그리스도를 보내주시고, 예수님의 희생을 통해 나를 죄악에서 건지셨다. 이 놀라운 구원 사실보다 더 기쁘고 놀라운 축복이 세상 어디에 있단 말인가? 세상에 나쁜 소식을 전하는 일처럼 힘든 일도 없지만 기쁜 소식을 전하는 일처럼 즐겁고 신이 나는 일도 없다. 우리가 가지고 있는 복음의 기쁜 소식은 모든 사람이 알아야 할 놀라운 소식이기 때문에 우리는 이 사실을 모르는 사람들에게 하루 바삐 서둘

러 이 소식을 전해야 한다.

## (2) 하나님은 모든 사람이 구원받기를 바라신다.

"하나님은 모든 사람이 구원을 받으며 진리를 아는데 이르기를 원하시느니라" – 디모데전서 2장 4절

하나님은 이 세상의 모든 사람을 창조하신다. 세상의 그 어떤 사람도 하나님이 창조하지 않은 이가 없으며 하나님의 계획 아래 있지 않은 사람이 없다. 하나님은 어떤 이유로든 특정 사람을 편애하지 않으신다. 죄로 인해 하나님과 멀어진 우리와 교제하기 위해 하나님은 모든 사람들이 복음을 통해 구원받아 다시 하나님과 화목해지기를 원하신다. 하나님의 이런 마음과 뜻을 알고 있다면 당연히 하나님의 뜻을 따라 살기를 원하는 우리 그리스도인들이 이 일을 감당해야 할 사람들이다. 그리스도인들이 이 사명을 가벼이 여기거나 알면서도 행하지 않으면 하나님이 바라시는 원대한 이 뜻은 세상에서 결코 이루어질 수 없다.

## (3) 한 영혼이 온 천하보다 귀하다.

"사람이 만일 온 천하를 얻고도 제 목숨을 잃으면 무엇이 유익하리요" – 마가복음 8장 36절

하나님의 기준은 사람과는 다르다. 하나님이 보시기에 한

사람의 영혼은 온 천하보다 더 귀할 정도로 가치있다. 만약 복음을 전함으로 우리가 평생에 단 한 사람이라도 전도한다면 온 세상을 구하는 일만큼 가치 있는 일을 한 것이다. 세상 어떤 사람에게 물어봐도 많은 돈을 버는 일보다는 한 사람의 생명을 구하는 일이 더 가치 있다고 대답할 것이다. 하물며 한 사람의 영혼을 구하는 일이 그 무엇보다 중요한 일임은 분명한 사실이다. 세상의 그 어떤 일보다 귀하고 가치 있는 영혼 구원을 위해 우리는 시도 때도 없이 복음을 전해야 한다.

### (4) 주님을 믿지 않는 사람은 심판을 받는다.

> "그러나 두려워하는 자들과 믿지 아니하는 자들과 흉악한 자들과 살인자들과 행음자들과 술객들과 우상 숭배자들과 모든 거짓말 하는 자들은 불과 유황으로 타는 못에 참예하리니 이것이 둘째 사망이라" – 요한계시록 21장 8절

복음은 기쁜 소식이지만 받아도 그만, 안 받아도 그만인 선택지가 아니다. 복음을 받아들이고 믿는 사람은 죄에서 구원 받고 천국행 티켓을 보장 받지만, 복음을 거부하고 하나님의 은혜를 받아들이지 않는 사람은 죽음 뒤의 심판을 피할 방도가 없다.

복음을 전하지 않아도 다른 사람들에게 아무런 일도 일어나지 않는다면 굳이 힘을 들여 전할 필요가 없을 것이다. 그

러나 복음을 모르거나 믿지 않는 사람들은 하나님의 심판을 피할 수 없고 그 대가로 지옥 형벌을 받게 된다. 지옥의 형벌은 끝나지 않는 영원한 고통이기 때문에 다른 어떤 것보다 중차대한 일이다. 내가 사랑하는 사람들이 나로 인해 복음을 믿게 된다면 그것만큼 즐겁고 행복한 일이 없겠지만 반면에 내가 복음을 전하지 않아 소중한 사람들이 지옥에 간다면 그만큼 마음이 힘들고 어려운 일도 없을 것이다.

### (5) 주님이 복음을 증거하라고 명령하셨다.

"그러므로 너희는 가서 모든 족속으로 제자를 삼아 아버지와 아들과 성령의 이름으로 침례(세례)를 주고 내가 너희에게 분부한 모든 것을 가르쳐 지키게 하라 볼찌어다 내가 세상 끝날까지 너희와 항상 함께 있으리라 하시니라" – 마태복음 28장 19,20절

하나님과 동등한 존재이자 우리를 구원하기 위해 세상에 오신 예수님은 우리에게 전도를 명령하셨다.

'그리스도인'이라는 이름의 뜻은 예수 그리스도의 말씀을 따라 살아가겠다는 의미이다. 우리의 주님 되시는 그리스도의 말씀에 순종해야 할 의무가 있기 때문에 우리는 전도에 매진해야 한다. 다만 전도는 의무와 책임감에 두려워 억지로 하는 것이 아닌 나를 살리고 구원하시는 하나님의 사랑에 대한 감격으로 기쁨과 사랑으로 행해져야 한다. 올바른 신앙생

활을 통해 하나님의 사랑을 마음에 품고 살아간다면 전도하라는 주님의 명령에 기쁨으로 순종하게 될 것이다.

## (6) 복음을 전하지 않으면 나에게 화가 미친다.

> "네가 악인을 깨우치되 그가 그 악한 마음과 악한 행위에서 돌이키지 아니하면 그는 그 죄악 중에서 죽으려니와 너는 네 생명을 보존하리라 또 의인이 그 의에서 돌이켜 악을 행할 때에는 이미 행한 그 의는 기억할바 아니라 내가 그 앞에 거치는 것을 두면 그가 죽을찌니 이는 네가 그를 깨우치지 않음이라 그가 그 죄 중에서 죽으려니와 그 피 값은 내가 네 손에서 찾으리라" - 에스겔 3장 19,20절

우리가 복음을 전해야 한다는 사실을 알고도 그리스도인의 책무를 다하지 않아서 이웃이 망하게 됐을 때 하나님은 그 화를 우리에게 돌리시겠다고 경고하셨다. 복음을 증거했지만 믿지 않는 것은 개인의 자유의지임으로 우리의 책임이 아니다. 하지만 아예 복음을 전하기조차 않는다면 그 화는 우리에게 임한다. 사도 바울도 이에 대해 다음과 같이 고백했다.

> "내가 복음을 전할찌라도 자랑할 것이 없음은 내가 부득불 할 일임이라 만일 복음을 전하지 아니하면 내게 화가 있을 것임이로라" - 고린도전서 9장 16절

# 2. 증거할 내용

복음을 전하기 위해선 어려운 신학적 내용이나 변증이 필요하지 않다. 풍부한 지식이 도움은 되겠지만 가장 폭발적인 부흥이 일어나던 시기는 지식이 아닌 살아계신 하나님의 능력을 통해 복음이 전해졌다. 다시 말하면 우리가 증거해야 할 내용은 다름 아닌 '내가 경험하고 체험한 예수 그리스도'다.

> "형제들아 내가 너희에게 전한 복음을 너희로 알게 하노니 이는 너희가 받은 것이요 또 그 가운데 선 것이라 너희가 만일 나의 전한 그 말을 굳게 지키고 헛되이 믿지 아니하였으면 이로 말미암아 구원을 얻으리라 내가 받은 것을 먼저 너희에게 전하였노니 이는 성경대로 그리스도께서 우리 죄를 위하여 죽으시고 장사 지낸바 되었다가 성경대로 사흘만에 다시 살아나사" – 고린도전서 15장 1–4절

사도 바울의 증거는 명확하다. 바울은 그리스도 예수께서 우리 죄를 대신하여 십자가에 죽으셨다는 사실과 사흘만에 부활하사 우리에게 생명을 주셨다는 사실을 증거했다. 우리가 어떤 방법으로 증거를 하든지 내용의 중심은 반드시 예수 그리스도여야 한다. 또 여기에 덧붙여 주님을 믿을 때 구원

받음으로 영생의 축복을 누리지만 거절할 땐 지옥 형벌이 기다리고 있다는 사실을 반드시 이야기 해야 한다.

다른 사람들에게 주님을 증거할 때 참고할만한 복음의 내용은 다음과 같다.

### 첫째, 은혜에 대해
- 영생은 하나님의 선물이다(롬 6:23).
- 인간은 선한 행위나 공로로 구원 받을 수 없다(딛 3:5).

### 둘째, 인간의 상태에 대해
- 모든 사람은 다 죄인이다(롬 3:10,23).
- 인간은 스스로를 구원할 수 없다(엡 2:8,9).

### 셋째, 하나님에 대해
- 하나님은 공의로우시다(겔 18:20).
- 하나님은 사랑이시다(롬 5:8).

### 넷째, 예수 그리스도에 대해
- 예수 그리스도는 하나님과 사람 사이의 유일한 중보자이시다(딤전 2:5).
- 예수님은 대속 사역을 이루셨다(사 53:6).

다섯째, 믿음에 대해
- 진정한 믿음은 지식이 아니다(약 2:18).
- 예수 그리스도를 개인적으로 마음에 영접해야 한다(요 1:12).

# 3. 전도의 방법

사람은 자기가 알지 못하는 것을 증거할 수 없다. 알지도 못하는 걸 아는 것처럼 전하는 사람은 사기꾼이다. 참된 전도는 우리가 경험한 주님의 사랑과 은혜를 이런 저런 방식으로 다른 사람에게 전하며 이루어진다. 다음의 세 가지 방법을 참고해 우리가 경험한 주님을 기쁨으로 증거하자.

## (1) 간증으로 전하라!

간증은 예수 그리스도를 만났을 때의 기쁨과 주님과 동행하는 삶의 즐거움을 전하면 된다. 형식에 얽매이는 것보다 편하게 대화 중에도 얼마든지 간증으로 복음을 전할 수 있다. 참으로 거듭난 그리스도인이라면 누구나 복음을 전할 수 있다. 많은 사람들이, 특히 신앙생활을 오래 한 성도들도 간증을 어려워하는 이유는 너무 잘하려고 의식하거나 쓸데없는 수식으로 꾸미려고 하기 때문이다. 간증이란 나에게 일어난 사실을 있는 그대로 전하는 것으로 충분하다.

## (2) 문서로 전하라!

직접 만나서 나의 이야기로 복음을 전하는 것이 가장 좋겠지만 상황이 여의치 못할 때도 많이 있다. 그럴 때엔 쪽복음이나, 교회 주보 등을 통한 문서로 쉽게 전도할 수 있다. 복음의 원리가 잘 적혀있는 전도지나 작은 책자를 전하며 몇 마디 코멘트를 붙이는 것으로도 언제든지 전도가 가능하다.

## (3) 삶으로 전하라!

시간을 내어 전도하지 않아도 그리스도인들은 알게 모르게 주님을 증거하고 있는 중이다. 세상 사람들은 주님을 믿는다는 우리의 삶을 보고 주님이 어떤 분인지 느끼기 때문이다. 주님을 증거하는 가장 중요하고 확실한 방법은 세상을 살아가는 우리의 삶의 모습이다. 가정, 직장, 학교, 모임 가운데 주님을 열심히 사랑하며, 주님으로 인해 기쁘게 살아가는 모습을 보여주는 것만으로도 확실한 전도 효과가 있다. 세상의 방법으로는 절대로 가지지 못하는 평안과 기쁨이 있음을 깨달은 세상 사람들은 자연스레 복음에 관심을 가지게 될 것이다.

# 4. 전도의 대상

세상의 모든 사람에게 복음을 전하는 것이 우리의 사명이지만 사람마다 우선 순위가 다를 수 있다. 어떤 사람은 가까운 가족과 친척부터 전도하기를 바랄 것이며, 외국이나 지방으로 하나님의 특별한 보내심을 받은 사람들도 있을 것이다. 어떤 대상에게 먼저 복음을 전할 것인지 나름의 계획을 세워놓는 것은 전도에 매우 중요하다. 전도의 대상은 크게 두 가지 종류로 분류할 수 있다.

## (1) 관계가 있는 사람

우리가 아는 사람들 중 그리스도인과 아닌 사람을 추려보자. 그리스도인이 아닌 사람 모두에게 복음은 필요하지만 그 중에서 특히 더 복음이 필요하거나, 꼭 전해야겠다고 생각드는 사람이 있을 것이다. 때로는 가족이나 친한 친구일 수 있고, 직장 동료일 수도 있다. 혹은 예전에 교회에 다녔으나 이제는 떠난 옛 동역자일 수도 있다.

## (2) 전혀 모르는 불특정 다수

특별히 정해놓은 대상이 아니거나, 아는 사람이 아니라 할지라도 복음은 얼마든지 전할 수 있다. 언제라도, 누구에게라도 하나님이 복음을 전하라는 감동을 주실 수 있기 때문에 우리는 항상 복음을 전할 준비를 갖추고 있어야 한다. 모르는 사람일지라도 근심 어린 표정이 신경 쓰인다는 이유로 복음을 전했다가 주님을 영접한 정말 많은 전도 사례가 있기 때문이다. 하나님이 주신 기회라고 생각되면 기꺼이 순종함으로 복음을 전해야 한다. 그리스도인은 사도 바울의 조언처럼 때를 얻든지 못 얻든지 복음 전파에 힘을 써야 한다.

# 5. 전도자의 자질과 자세

전도는 타고난 사람만 하는 것이 아니다. 상인은 물건을 팔기 때문에 상인이고, 군인은 훈련을 받기 때문에 군인이다. 해야 할 일을 반복해서 하다 보면 그 자리에 맞는 사람이 누구나 될 수 있다. 정말로 구원받은 그리스도인이라면 다음의 내용들을 통해 바른 전도자가 되고자 끊임없이 노력해야 한다.

- 구원의 확신이 있어야 한다(고후 13:5).
- 예수님과 교제하는 생활을 해야 한다(요 15:5).
- 내외적으로 거룩한 생활을 해야 하며, 타의 모범이 되어야 한다(딤전 4:12).
- 복음이 무엇인지 정확히 알아야 하며 성경에 대한 바른 지식을 갖고 있어야 한다(고전 15:1-4).

- 전도 대상자를 위해 기도해야 한다(벧후 3:9).
- 어떤 경우에도 전도 대상자를 비판하거나 정죄하지 말아야 한다(마 7:1).
- 전도는 변증이 아니다. 복음으로 인한 논쟁은 최대한 피하라(딤후 2:14).
- 사랑과 인내를 가지고 겸손한 자세로 전하라(약 1:4).

# 6. 전도의 보상

그리스도인은 하나님께 영광을 돌리는 일이 가장 큰 기쁨이자 삶의 목표여야 한다. 전도를 통해 한 영혼을 주님께로 돌아오게 하는 것만큼 주님이 기뻐하시는 일은 없기 때문에 이 이유 한 가지만으로 우리는 전도에 열과 성을 다해야 한다.

다니엘서에는 "많은 사람을 옳은 길로 돌아오게 한 자는 별과 같이 영원토록 비취리라"라는 말씀이 나온다(단 12:3). 주님의 명령을 따라 힘써 복음을 전파하는 사람은 예수님이 높여주신다. 또한 주님께 기쁨이 되는 것도 중요하지만 막상 해보면 전도만큼 세상에서 큰 보람을 느낄 수 있는 다른 일이 없음을 우리 스스로도 깨닫게 된다. 오직 해본 사람만이 아는 전도는 그 자체가 기쁨이다.

# 2

# 증거에 대한 설교

# 1. 영원한 생수

"사마리아 여자가 가로되 당신은 유대인으로서 어찌하여 사마리아 여자 나에게 물을 달라 하나이까 하니 이는 유대인이 사마리아인과 상종치 아니함이러라 예수께서 대답하여 가라사대 네가 만일 하나님의 선물과 또 네게 물좀 달라 하는 이가 누구인줄 알았더면 네가 그에게 구하였을 것이요 그가 생수를 네게 주었으리라 여자가 가로되 주여 물 길을 그릇도 없고 이 우물은 깊은데 어디서 이 생수를 얻겠삽나이까 우리 조상 야곱이 이 우물을 우리에게 주었고 또 여기서 자기와 자기 아들들과 짐승이 다 먹었으니 당신이 야곱보다 더 크니이까 예수께서 대답하여 가라사대 이 물을 먹는 자마다 다시 목마르려니와 내가 주는 물을 먹는 자는 영원히 목마르지 아니하리니 나의 주는 물은 그 속에서 영생하도록 솟아나는 샘물이 되리라 여자가 가로되 주여 이런 물을 내게 주사 목마르지도 않고 또 여기 물 길러 오지도 않게 하옵소서" – 요한복음 4장 9–15절

## 서론

물은 인체의 70%를 구성하고 있는 가장 중요한 성분이다. 겉으로 보기에는 우리 몸의 어디에 물이 있나 싶지만 인간을 비롯한 모든 피조물의 절반 이상이 물로 이루어져 있다.

사람은 같은 밥을 자주 먹어서 싫증이 날 땐 있어도 물을 자주 마신다고 싫증을 내진 않는다. 심지어 물에는 특별한 맛과 향도 없지만 그래도 우리는 적당한 때에 적당한 양의 물을 마신다. 만약 밍밍하다는 이유로 물을 질려 하거나 목이 마르다고 신호를 주지 않는다면 생명을 유지하기 매우 힘들 것이다. 그런 이유로 하나님은 우리가 물을 적당한 때에 질리지 않고 섭취하도록 필요한 장치를 다 해놓으셨다.

물만큼 생명에 필수적인 것은 없기에 성경에도 물에 관한 말씀이 많이 나온다. 광야를 떠돌던 이스라엘 백성들은 물이 없다는 이유로 하나님을 원망했으며, 사마리아의 여인은 마음의 갈증을 해소할 수 있는 방법을 찾아 온갖 방법을 강구하고 있었다.

나사로의 비유에 나온 지옥에 떨어진 부자의 소원은 단지 물 한 방울이었다. 모든 사람은 물 없이는 살 수 없기에 갈증을 느끼면 고통을 느끼고 해소할 방법을 찾는다. 육체적 갈증처럼 영적인 갈증도 마찬가지다. 그 어느 때보다 풍요로운 사회에서 살아가는 현대인들이 오히려 정신적으로 고통받는 것은 육적인 갈증은 해소됐지만 영적인 갈증의 문제를 해결하지 못했기 때문이다.

세상 사람들은 저마다의 방법으로 영적인 갈증을 해소하기 위해 노력한다. 그러나 오히려 방황은 점점 더 길어지고 갈증은 점점 더 깊어질 뿐이다. 바다 위를 항해하고 있는 배에서 물이 떨어졌다고 생각해 보자. 그렇다고 바닷물을 마시면 갈증이 더욱 깊어질 뿐이다. 사람들이 영적인 갈급함이 문제라는 사실을 모르고 생명수인 주님이 아닌 세상의 바닷물을 마시고 있기 때문이다.

오늘 본문인 요한복음 4장에는 영적 갈증을 느끼는 사마리아 여인을 만나주신 예수님의 모습이 기록되어 있다. 본문의 말씀을 보다 잘 이해하려면 전 장인 요한복음 3장에 나오는 니고데모의 이야기를 본문과 비교해 봐야 한다.

요한복음 3장에 나오는 니고데모는 이름이 분명하게 나와 있는 반면 사마리아 여인은 누구인지 명확히 나와 있지 않다. 니고데모는 사회적 지위가 높은 관원이었던 반면 사마리아 여인은 사회적 지위가 전혀 없는 천한 여인이었다. 니고데모는 당시 선민 대우를 받던 유대인이었고 사마리아 여인은 이방인 취급을 받던 사마리아 사람이었다. 니고데모는 사람들에게 존경을 받는 선생이었고 사마리아 여인은 한가로이 물이나 긷는 평범한 사람이었다. 또한 니고데모는 거듭남이 무엇인지 알기 위해 밤에 예수님을 스스로 찾아온 반면 사마리아 여인은 낮에 우연히 길에 계신 예수님을 만났다. 이들을 대하신 예수님의 화법도 사뭇 흥미롭다. 예수님은 니고데모에게는 "네가 거듭나려면…"이라고 직접적으로 거듭남의 의미를 가르치셨고, 사마리아 여인에게는 "네가 하나님의 선물을 알았다면…"이라고 간접적으로 가르치셨다.

　모든 것이 상반되는 장면이지만 가장 중요한 점은 니고데모는 스스로 예수님을 찾아왔지만 사마리아 여인은 예수님께서 친히 그녀에게 다가가셨다는 사실이다. 하나님은 대부분 먼저 우리를 찾아오시고, 지금도 문밖에서 진리의 등을 들고 문이 열리기를 기다리고 계신다.
　아브라함이 찾기 전에 하나님이 먼저 아브라함을 찾으셨고, 야곱이 하나님을 찾기 전에 먼저 하나님이 야곱을 찾아오셨다. 모세가 하나님을 찾기 이전에 하나님이 먼저 모세를 부르셨고, 삭개오가 예수님을 부르기 전에 예수님이 먼저 삭개오를 부르시고 말씀을 전하셨다.

　하나님은 정말로 우리를, 그리고 아직도 복음을 알지 못하는 영혼들을 찾고 계신다. 세상 사람들이 겪고 있는 영적인 갈증은 예수님이라는 '생명수' 없이는 결코 해결할 수 없기에 예수님이 친히 그 방법을 알려주시기 위해서다. 피조물인 우리가 어떻게 세상을 살아가야 하고, 무엇을 위해 살아가야 하는지 예수님을 만나고 영접함으로 우리는 깨달을 수 있다. 세상의 물로는 영적인 갈증을 해결할 수 없고, 오직 예수님만이 이 문제를 해결해 주실 수 있는 데에는 세 가지 이유가 있다.

# 첫째, 세상의 물은 아무리 마셔도 목마르다.

목이 마르다고 바닷물을 마시면 갈증이 더 심해질 뿐이다. 현대인이 느끼는 갈증은 빛이자 진리이신 예수님의 부재인데 사람들은 완전히 잘못된 방법들로 해갈하려고 한다. 사람들이 영혼의 갈증을 해결하려고 사용하는 잘못된 방법은 대표적으로 세 가지가 있다.

## (1) 돈

"돈을 사랑함이 일만 악의 뿌리가 되나니 이것을 사모하는 자들이 미혹을 받아 믿음에서 떠나 많은 근심으로써 자기를 찔렀도다" – 디모데전서 6장 10절

물질만능주의가 만연한 사회 풍조 때문에 세상 사람들은 돈이면 모든 것이 해결된다고 생각한다. 사회 곳곳에서 일어나는 일들만 봐도 대부분의 문제의 원인, 그리고 해결법은 돈이기 때문이다. 사람들은 안타깝게도 전혀 다른 문제인 영적의 갈증까지도 돈이 부족해서라고 착각한다. 돈으로 사람의 몸은 살 수 있어도 마음은 살 수 없다. 하물며 돈으로 하나님의 사랑을 살 수 있겠는가? 돈으로는 하나님의 사랑을 결코 살 수 없으며 오히려 일만 악의 뿌리가 될 뿐이다. 그러므로 성경의 말씀대로 하나님과 이웃을 섬기는 일에 재물을 써서 하늘에 쌓아두는 것이 가장 현명한 사용방법이다(마 6:19-24).

『돈으로는 침대를 살 수 있지만 잠은 살 수 없다.

돈으로 좋은 책은 얼마든지 살 수 있지만 지식은 살 수 없다.

돈으로 맛있는 음식은 얼마든지 살 수 있지만 식욕은 살 수 없다.

돈으로 옷과 액세서리는 얼마든지 살 수 있지만 인격은 살 수 없다.

돈으로 좋은 집은 살 수 있지만 행복한 가정은 살 수 없으며

돈으로 향락은 누릴 수 있어도 만족은 누릴 수 없다.

마찬가지 원리로 돈으로 교회를 세우고

종교생활을 시작할 수 있을지는 몰라도

참된 구원을 살 수는 없다.

구원은 오직 하나님의 은혜로만 받을 수 있는

선물이기 때문이다.』

## (2) 사회적 성공

"이러하므로 요한의 침례(세례)로부터 우리 가운데서 올리워 가신 날까지 주 예수께서 우리 가운데 출입하실 때에 항상 우리와 함께 다니던 사람 중에 하나를 세워 우리로 더불어 예수의 부활하심을 증거할 사람이 되게 하여야 하리라 하거늘 저희가 두 사람을 천하니 하나는 바사바라고도 하고 별명은 유스도라고 하는 요셉이요 하나는 맛디아라" – 사도행전 1장 21-23절

돈으로 영적인 갈증을 해결하지 못한 사람은 다음으로 권세에 집착한다. 역사적으로도 수없이 많은 사람들이 끝없는

욕심을 채우기 위해 성공을 갈구하고 또 거의 이루는 듯했지만 결국에는 하나같이 파멸하고 말았다. 칭기즈칸, 나폴레옹, 히틀러, 알렉산더. 세계를 호령하는 것 같았던 정복자들도 결국 허무하게 세상을 떠났고 그들이 세운 제국 역시 허망하게 무너지고 말았다. 성경에도 비슷한 인물들이 많이 나온다. 하늘까지 높아지려고 교만했다 무너진 바벨탑부터, 아합과 이세벨, 스스로 하나님이 되려 했던 헤롯 왕까지 높은 권세를 탐했던 사람들의 종말은 비참함 그 자체였다.

더 많이 정복하려던 사람의 권세욕은 현대 사회에서는 성공욕으로 변화되었다. 공허한 가슴을 채우려고 사람들은 다양한 방법으로 위태한 사다리를 계속 밟고 올라가고, 잘못된 방법으로 사람들의 관심을 끌어모은다. 더 높은 권세를 욕심 낸 천사장이 타락해 사탄이 되고 말았다는 사실을 통해 권세란 영적인 갈증을 해결할 수 없을뿐더러 우리 영혼을 파멸에 이르게 한다는 것을 기억해야 한다. 권세는 얻으면 얻을수록 더 깊은 공허감을 줄뿐 결코 우리의 심령을 만족시켜주지 못한다.

## (3) 지식

"여호와를 경외하는 것이 지식의 근본이어늘 미련한 자는 지혜와 훈계를 멸시하느니라"– 잠언 1장 7절

기독교를 거짓으로 치부하고 '무신론'을 주장하는 사람들은 대개 지식인이다. 높은 수준의 전문 교육을 받은 현대인들 역시 기독교가 비합리적이고 모순적이라는 이유로 이성을 들이대며 복음을 배척한다. 하나님의 지식은 감히 인간이 범접할 수 없는 크고 놀라운 비밀임에도 자신의 작은 지식으로 구원의 놀라운 선물을 거절하는 어리석은 행동이다.

　현대인들이 10년 전, 100년 전 사람들에 비해 훨씬 똑똑해진 것은 사실이며 현대 과학 기술도 눈부시게 발전했지만 이런 지식들이 인간을 구원할 수는 없다. 성경은 참된 지식의 근본은 오직 여호와 하나님뿐임을 분명히 증거하고 있다.


　인간이 아무리 눈부신 발전을 이뤄냈다 한들 하나님의 창조물이라는 사실은 변하지 않는다. 피조물이라는 우리의 지위와 창조주 하나님을 모르고서는 어떤 지식도 우리를 이롭게 할 수 없다. 발전된 과학 기술이 우리를 편리하게 만들어 준 것도 사실이지만 반대로 지구 멸망의 위기를 초래할 수많은 여지가 생긴 것도 분명한 사실이다. 지식의 근본인 하나님을 만나지 않으면 발전된 지식과 기술은 오히려 인류를 더 위태롭게 할 것이다. 그런 이유로 그 어느 때보다 과학과 기술이 눈부시게 발전한 현대사회임에도 사람들은 정신적으로 더 큰 어려움을 겪고 마음의 공허함을 호소하고 있다. 세상에서 얻은 지식은 세상에서 약간의 유익만 줄 뿐 결코 우리 영혼의 갈증을 해갈해 주지 못한다.

## 둘째, 영적인 갈증은 예수님이 주시는 생명수로만 해갈할 수 있다.

> "예수께서 대답하여 가라사대 이 물을 먹는 자마다 다시 목마르려니와 내가 주는 물을 먹는 자는 영원히 목마르지 아니하리니 나의 주는 물은 그 속에서 영생하도록 솟아나는 샘물이 되리라" – 요한복음 4장 13,14절

앞서 알아봤듯이 돈도, 권세도, 지식도 결코 영적인 갈증을 해소해 주지 못한다. 이 밖에 어떤 방법을 사용해도 결과는 마찬가지다. 영혼의 갈증은 영혼의 주인이신 주님만이 해결해 주실 수 있다.

돈, 권세, 지식, 다른 세상의 방법은 잠깐은 영혼을 채워 주는 것처럼 느낄 수 있다. 그러나 곧 더 큰 갈증이 찾아오며 인생을 파멸로 이끈다. 반면 주님을 영접함으로 우리가 얻게 되는 갈증의 해갈은 단 한 번으로 충분하다. 주님이 우리에게 주시는 생수는 영원한 생명수이기 때문이다. 세상의 제일 가는 부자도, 세상의 가장 높은 권력자도, 세상에서 가장 현명한 사람도 자신의 능력으로는 영혼의 갈증을 해결할 수 없다.

성경은 다음과 같은 사람이 이 생명수를 마실 자격이 있다고 가르친다.

## (1) 돈이 없는 사람

"너희 목마른 자들아 물로 나아오라 돈 없는 자도 오라
너희는 와서 사 먹되 돈 없이, 값 없이 와서 포도주와 젖
을 사라 너희가 어찌하여 양식 아닌 것을 위하여 은을
달아 주며 배부르게 못할 것을 위하여 수고하느냐 나를
청종하라 그리하면 너희가 좋은 것을 먹을 것이며 너희
마음이 기름진 것으로 즐거움을 얻으리라 너희는 귀를
기울이고 내게 나아와 들으라 그리하면 너희 영혼이 살
리라 내가 너희에게 영원한 언약을 세우리니 곧 다윗에
게 허락한 확실한 은혜니라 내가 그를 만민에게 증거로
세웠고 만민의 인도자와 명령자를 삼았었나니 네가 알
지 못하는 나라를 부를 것이며 너를 알지 못하는 나라가
네게 달려올 것은 나 여호와 네 하나님 곧 이스라엘의
거룩한 자를 인함이니라 내가 너를 영화롭게 하였느니
라"– 이사야 55장 1–5절

주님이 주시는 생명수는 돈이 없어도 마실 수 있다. 구원
은 값 없이 주시는 하나님의 은혜이기 때문이다. 세상에서
필요한 것은 아무리 작은 것이라 하더라도 값을 지불해야 한
다. 그러나 우리의 영혼에 가장 필요한 생명수는 돈이 없어
도 누구나 얻을 수 있다. 진리의 주님을 믿기만 하면 누구든
지 거저 와서 마실 수 있다. 이 얼마나 크고 놀라운 하나님의
사랑인가!

## (2) 권세가 없는 사람

"형제들아 너희를 부르심을 보라 육체를 따라 지혜 있는 자가 많지 아니하며 능한 자가 많지 아니하며 문벌 좋은 자가 많지 아니하도다 그러나 하나님께서 세상의 미련한 것들을 택하사 지혜 있는 자들을 부끄럽게 하려 하시고 세상의 약한 것들을 택하사 강한 것들을 부끄럽게 하려 하시며 하나님께서 세상의 천한 것들과 멸시 받는 것들과 없는 것들을 택하사 있는 것들을 폐하려 하시나니 이는 아무 육체라도 하나님 앞에서 자랑하지 못하게 하려 하심이라 너희는 하나님께로부터 나서 그리스도 예수 안에 있고 예수는 하나님께로서 나와서 우리에게 지혜와 의로움과 거룩함과 구속함이 되셨으니 기록된바 자랑하는 자는 주 안에서 자랑하라 함과 같게 하려 함이니라" – 고린도전서 1장 26–31절

겸손의 왕이신 주님은 높은 사람을 원하지 않으신다. 만왕의 왕이자 모든 것의 창조주이시지만 가장 낮은 우리를 섬기러 세상에 직접 오셨던 것처럼 주님은 스스로를 낮추고 주님께 모든 것을 의지하는 사람에게 생명수를 허락하신다. 주님은 우리의 높고 낮음과 상관없이 이미 가장 높고 존귀하신 구원주이시다. 겸손하게 주님의 말씀을 따라 주님만을 의지하는 참된 제자에게 주님은 영원한 생명수를 넘치도록 부어 주신다.

### (3) 지식이 없는 사람

> "또한 모든 것을 해로 여김은 내 주 그리스도 예수를 아는 지식이 가장 고상함을 인함이라 내가 그를 위하여 모든 것을 잃어버리고 배설물로 여김은 그리스도를 얻고 그 안에서 발견되려 함이니 내가 가진 의는 율법에서 난 것이 아니요 오직 그리스도를 믿음으로 말미암은 것이니 곧 믿음으로 하나님께로서 난 의라" – 빌립보서 3장 8–9절

성경에서 하나님께 쓰임 받은 수많은 사람들을 살펴보면 지식인보다 무지한 사람들이 훨씬 많았다. 세상 사람들이 보기에는 배운 것이 없는 무식한 사람들이었지만 하나님은 이들을 통해 하나님의 은혜를 베푸시고 하나님의 일을 이루어 가셨다. 당시 말씀을 가장 잘 알고 종교생활을 열심히 했던 바리새인과 사두개인들은 오히려 구세주 예수님을 알아보지 못하고 주님을 대적하며, 하나님의 일을 방해했고 급기야 예수님을 십자가에 못 박는데 앞장섰다. 많이 아는 것이 영혼의 갈증을 해결할 수 있다면 이런 일은 결코 일어나지 않았을 것이다.

하나님이 예비하신 생명수는 진정으로 모든 사람이 누릴 수 있다. 돈이 없다고, 배운 것이 없다고, 자격이 없다고 받을 수 없는 것이 아니다. 로마 시민으로 당대의 지식인이기도 했던 사도 바울은 주님이 주시는 생명수를 맛본 후에는

자신이 아는 모든 지식들이 '배설물'과 같이 여겨진다고 고백했다.

## 셋째, 결단함으로 주님이 주시는 생명수를 마실 수 있다.

"너희에게 이르노니 아니라 너희도 만일 회개치 아니하면 다 이와 같이 망하리라" - 누가복음 13장 3절

사람의 본성은 악하고 이기적이기 때문에 실수를 인정하는 일을 매우 어려워한다. 지금껏 살아온 인생을 돌이키고 옳다고 생각되는 지식들을 거부하는 일은 더욱 어렵기 때문에 회개함으로 주님께 돌아오기 위해선 큰 결단이 필요하다. 마음의 죄를 주님께 회개함으로 버리고 예수 그리스도를 믿는 사람만 주님이 주시는 생명수를 마실 수 있다.

『기차를 타고 서울에서 부산을 가려면 부산행 차표를 사야 한다. 수원행 표를 사고 우긴다고 부산을 갈 순 없고 혹은 훨씬 더 비싼 미국행 비행기 표를 들고 있다고 해도 갈 수 없다. 부산에 가기 위해선 부산행 표가 유일한 방법이듯이 천국을 가려면 천국행 티켓인 구원 외에는 방법이 없다. 하나님이 말씀하신 구원의 방법, 예수님을 믿고 영접하는 것만이 천국에 갈 수 있는 유일한 방법이

다. 착한 일을 많이 한다고, 돈을 많이 번다고 천국에 갈 수는 없다. 회개함으로 죄에서 돌이켜 예수님을 믿는 방법 밖에는 다른 방법이 없다.』

　주님은 사마리아 여인에게 생명의 진리를 전파하시기 전에 먼저 남편을 데려오라고 말씀하셨다. 이 말은 무슨 뜻인가? 먼저 죄를 깨닫고 잘못된 생활을 회개하라는 말씀이다. 죄의 속성을 품고 있으면서 하나님께 나아갈 수는 없다. 주님의 생명수를 마시기 위해서는 내가 죄인인 것을 깨닫고 그동안 지은 죄들을 먼저 회개해야 한다. 주님이 주시는 생명수를 마시기 위해서는 다섯 가지 행실을 조심해야 한다.

### (1) 시기와 질투의 마음을 버려야 한다.

　다른 사람의 성공과 기쁨을 축하해 주지 못하고 오히려 잘되지 않기를 바라는 마음이 시기와 질투다. 시기심을 가진 사람은 생명수를 마시지 못할 뿐 아니라 절대로 행복한 인생을 살아갈 수 없다. 다른 사람의 작은 행복도 불쾌하게 여기며 자기보다 행복한 삶을 사는 것 같이 보이는 사람에게도 무조건 적대감을 보이기 때문이다. 시기와 질투는 스스로를 좀 먹는 나쁜 행위다. 성경에도 시기와 질투로 망한 사람들의 이야기가 많이 나와 있다.

　● 하와의 시기심 때문에 인간은 에덴동산에서 쫓겨났다

(창 3:1-6).

- 가인은 시기심 때문에 동생 아벨을 죽였다(창 4:1-8절).
- 시기심은 마음의 평화를 잃게 하고 의심과 분노를 품게 한다(잠 14:30, 삼상 18:8,9).
- 블레셋 사람들은 이유없이 아브라함을 미워했다 (창 26:14,15).
- 시기와 질투의 마음을 품은 사람은 마귀에게 이용당한 다(요 8:44, 요일 3:12).

시기와 질투의 마음을 가진 사람은 하나님과의 교제가 단절된다. 생명수를 주시는 주님을 영접하기 위해선 하나님과의 관계가 회복되어야 하므로 가장 먼저 우리 마음속의 시기와 질투를 버려야 한다.

### (2) 교만한 마음을 버려야 한다.

교만은 자신의 모습을 실제보다 더 높게 평가하고, 계속해서 다른 사람보다 자기를 낮게 여기려고 행동하는 모든 모습을 의미한다.

교만이 나쁜 죄인 것은 외부 요인이 아닌 내부의 요인에서 나오는 죄이기 때문이며, 다른 사람이 아닌 하나님을 대적하는 죄이기 때문이다. 천사장은 하나님을 섬기고 찬양해야 하는 자기 위치를 망각하고 교만함으로 주님을 대적하게 됐다. 마찬가지로 하나님을 찬양하고 섬겨야 하는 우리 인간이지만 교만할 때 자신을 사랑하고 자기를 위한 일만 추구하게 된다. 그리스도인들도 무엇보다 교만을 조심해야 한다.

- 서기관들은 스스로를 높이기 위해 긴 옷을 입고 다녔다 (막 12:38).
- 제자들도 더 높은 사람이 되려고 자리다툼을 했다 (막 9:33-37).
- 웃시야 왕은 성공이 자기 덕분인 줄 착각했다 (대하 26:15,16).
- 히스기야 왕은 하나님이 주신 소유를 자신의 것으로 여기고 자랑하다 큰 변을 당했다(왕하 20:13).
- 고린도 교회 성도들은 말씀을 따라 서로 섬기지 않고 서로 더 나은 자가 되려고 했다(고전 3:21).

교만은 스스로를 높여 하나님을 대적하는 죄이기 때문에 하나님은 교만한 사람을 반드시 심판하신다. 주님이 주시는 생명수를 마시기 위해서는 먼저 교만한 마음을 버리고 겸손하게 주님 앞에 나아가야 한다.

### (3) 마음의 분노를 버려야 한다.

분노란 다른 사람의 행동이나 말에 분개하여 불쾌감을 나타내는 행동이다. 일반적으로 분노는 갑자기 폭발하여 다른 사람에게 피해를 주는 방식으로 일어난다. 예수님이 성전에서 장사하는 상인들에게 내신 공분도 물론 있지만 대부분 분노는 오해와 이기심이 원인이다. 자기감정을 제대로 다스리지 못하고 자기 세계에 갇혀 있는 사람은 쉽게 분노하고, 쉽게 죄를 짓는다.

- 가인은 분을 참지 못해 인류 최초의 살인자가 됐다 (창 4:3-5).
- 다윗의 형들은 동생인 다윗의 성공을 참지 못해 화를 냈다(삼상 17:28).
- 아합 왕은 이기심 때문에 나봇에게 화를 냈다(왕상 21:4).
- 에서는 자신의 실수로 장자의 권리를 넘겨놓고는 오히려 분노했다(창 27:41-45).

분노를 품은 사람은 자기감정대로 행하기 때문에 결코 하나님의 뜻을 이룰 수 없으며 하나님의 심판도 피할 수 없다. 그리스도인은 자신의 감정과 뜻이 아닌 하나님의 뜻을 따르고 성품을 닮아가야 하기 때문에 가난한 심령으로 주님께 나아오는 사람이 생명수를 마실 수 있다.

### (4) 탐심을 버려야 한다.

탐심의 마음을 가진 사람은 하나님이 아닌 세상을 사랑하고 세상의 향락만을 목표로 인생을 살아간다.

탐심을 버리지 않으면 하나님이 이미 모든 필요한 것을 주셨음에도 더 많은 것을 취하려고 욕심을 부리고 때때로 양심과 법을 어기게 된다. 탐욕은 물질에 국한되지 않고 성적인 욕구나 권력 등 세상에서 누릴 수 있는 모든 가치에 적용될 수 있다.

- 아브라함과 롯의 목자들은 가진 것이 풍족했음에도 탐심 때문에 서로 다투었다(창 13:5,6).
- 이스라엘 백성들은 탐심 때문에 하나님께 불평하며 원망을 쏟아냈다(민 11:4).
- 모든 것이 풍족했던 부자는 가난한 거지 나사로를 탐심 때문에 조금도 도와주지 않았다(눅 16:20,21).
- 가룟 유다는 돈에 대한 욕심 때문에 주님을 배반했다(눅 22:3-6).
- 아나니아와 삽비라는 돈에 대한 욕심 때문에 사도들을 속이다 하나님의 심판을 받았다(행 5:1-4).

탐심은 곧 우상숭배다. 하나님이 아닌 돈, 물질, 다른 어떤 것이라도 섬기는 것은 모든 악의 뿌리가 된다. 세상의 향락에 깊이 빠져있거나 물욕 등의 탐심에 빠져 있는 사람은 주님을 찾지 않으며, 주님을 구하지도 않는다. 탐심을 품은 사람은 언제나 더 많은 것을 바라며 그 영혼은 세상의 그 어떤 것으로도 결코 채워지지 않는다. 탐심으로는 영혼을 만족시킬 수 없음을 깨닫게 세상의 것이 아닌 하나님의 신령한 것들을 사모할 때 주님이 주시는 생명수를 마실 수 있다.

### (5) 핑계를 대지 말아야 한다.

결단은 성령님의 감동이 임하는 즉시 행동으로 옮겨야 한다. 나중으로 미루는 사람은 결코 하나님의 은혜를 체험할 수 없다. 예수님은 집에 들러 그물을 놓고 오겠다는 제자들에게 즉시 따르라고 말씀하셨다. 오늘 하루를 미루는 사람은 이번 한 달을 미루게 되고, 이번 한 달을 미루는 사람은 이번 일 년을 미루게 된다. 핑계는 대부분 습관이기 때문에 조금만 더 있다가 예수님을 영접하겠다고 핑계를 대는 사람은 결국 죽는 순간까지 구원받지 못할 확률이 매우 높다.

진리가 무엇인지 알지만 때로는 결단력이 부족해 미루는 사람들도 많다. 성경 말씀이 진리인 것을 알고, 언젠가 주님을 영접해야겠다고 생각은 해도 다음과 같은 핑계로 많은 사람들이 주님을 영접하기를 미룬다.

- 급한 공부를 마무리 짓고 난 후에 주님을 믿겠다.
- 조금 더 경제적으로 풍족하고 난 뒤에 주님을 믿겠다.
- 조금 더 즐기고 난 뒤 노년에 주님을 믿겠다.
- 결혼을 하거나, 자녀를 낳고 난 뒤에 주님을 믿겠다.

성경에도 주님의 초대를 미루던 사람들이 나온다. 잔치의 주인은 결국 미루는 사람들 대신 지금 당장 올 수 있는 다른 사람들을 초청했다. 예수님이 세상의 유일한 빛이요, 길이요, 진리라는 것을 깨달았다면 조금 두렵더라도, 조금 떨리더라도 지금 당장 영접하는 믿음의 결단이 필요하다.

예수님을 영접하고자 결단하는 것은 다른 소소한 문제가 아닌 '영생'이 걸린 인생의 가장 중요한 문제이기 때문이다. "지금이 구원의 때이며, 은혜의 날"이라고 성경은 말하고 있다. 나중으로 미루는 것은 현대인의 가장 큰 죄악 중 하나이다. 그중에서도 주님을 영접하는 결단의 순간을 미루는 것은 지옥 형벌에까지 이를 수 있는 결코 범해서는 안 되는 죄악이다. 인생의 가장 중요한 이 문제를 미루지 말고 오늘 당장 해결해야 한다.


# 결론

과학과 기술이 발전하고 모든 물질이 더욱 풍족해진 시대이지만 현대인들은 여전히 채워지지 않는 마음의 갈증으로 그 어느 시대 때보다 더 큰 어려움을 겪고 있다. 육체적 풍요는 결코 마음의 허기를 채우지 못하기 때문에 아무리 더 많이 가지고 더 많은 것을 누려도 사람들의 방황은 더욱더 깊어질 뿐이다. 영적인 갈증의 원인을 알지 못하는 세상 사람들은 저마다 필요하다고 생각되는 일들을 추구한다. 돈을 더 벌려 하고, 더 높은 곳에 올라가려 하고, 사회적 성공을 꿈꾸고, 몸을 즐겁게 하는 일들에 매진하지만 충족감은 잠시뿐 결국 더 깊은 공허감에 빠진다. 많은 사람들이 지금도 마음의 공허를 잊기 위해 다양한 지식과 학문을 찾아다니고 육체의 쾌락을 도모하지만 결국 그 결과는 더 깊은 방황과 더 많은 타락과 범죄로 주님과 멀어지고 있을 뿐이다.

영혼의 갈증을 해결하기 위해서는 문제의 근원을 찾아야 한다. 생명의 주님을 영접하지 않아서 생기는 문제가 영혼의 갈증이다. 주님은 우리 영혼의 주인이시기 때문이다. 주님만이 우리 영혼의 갈증을 해결해 주실 수 있다. 주님이 주시는 영원한 생명수를 마시기 위해서는 아무런 조건이 필요 없다. 돈도 필요 없고, 사회적 지위도 필요 없고, 지식도 필요 없다. 겸손한 마음으로 주님 앞에 나아오기만 하면 된다.

인간의 죄성을 인정하고 그동안 살아오며 행했던 내 마음의 시기와 질투, 교만, 분노, 탐심을 인정하고 주님의 자비를 구할 때 주님은 우리 죄를 용서해 주시고 다시는 목마르지 않는 영혼의 생명수를 부어주신다. 악한 마귀는 지금도 우리가 생명수를 마시지 못하게 세상의 갖가지 달콤한 유혹들로 방해하지만, 과감한 결단으로 죄를 끊어내고 주님 앞에 나아올 때 주님은 놀라운 은혜로 우리를 품어주시며 우리의 영혼을 온전히 만족시켜 주신다.

# 2. 청년이여 새벽을 깨우라

"저희가 내 걸음을 장애하려고 그물을 예비하였으니 내 영혼이 억울하도다 저희가 내 앞에 웅덩이를 팠으나 스스로 그 중에 빠졌도다(셀라) 하나님이여 내 마음이 확정되었고 내 마음이 확정되었사오니 내가 노래하고 내가 찬송하리이다 내 영광아 깰찌어다 비파야, 수금아, 깰찌어다 내가 새벽을 깨우리로다 주여 내가 만민 중에서 주께 감사하오며 열방 중에서 주를 찬송하리이다 대저 주의 인자는 커서 하늘에 미치고 주의 진리는 궁창에 이르나이다 하나님이여 주는 하늘 위에 높이 들리시며 주의 영광은 온 세계 위에 높아지기를 원하나이다" – 시편 57편 6-11절

## 서론

우리가 살고 있는 세상은 결코 거두어지지 않는 칠흑 같은 어둠과 같다. 세상이 아무리 발전하고 많은 부분이 풍족해졌다 하더라도 세계 곳곳에서는 여전히 전쟁의 참상이 드리워져 있고 기아와 부의 불균형, 치안의 위협 같은 해결할 수 없는 문제들이 도처에 깔려 있다. 주님이 다시 오실 그날까지 세상에는 우리가 어쩔 수 없는 문제들이 끊임없이 발생할 것이다. 하루에도 수없이 우리의 마음을 갑갑하게 하는 범죄들

이 만연히 일어나고 있다. 교회 내부도 마찬가지다. 세속주의가 범람해 윤리와 도덕은 땅에 떨어지고 절대 진리를 선포하지 못하고 세상의 눈치를 보며 상황윤리와 개인주의를 조금씩 받아들이고 있다. 교권을 추구하며 형식에 목을 매는 안타까운 현상은 마치 종교개혁 전의 기독교 모습으로 돌아가는 것 같고 물질 만능주의에 빠진 성도들, 그 입맛에 맞춰 설교와 목회를 하는 목회자들의 모습도 안타깝다. 사치와 낭비를 일삼고 권력에 아부하며 예수님이 명령하신 중차대한 복음의 비전은 오히려 멀리하는 것이 안타깝게도 현재 교회의 현실이다.

이런 시대에 우리 한 개인의 힘은 너무나도 무력하다. 나 하나 말씀을 따라 살아간다 해도 세상에는 아무런 변화도 일어나지 않을 것 같이 느껴진다. 지금 시대를 살아가는 우리들이 그리스도인으로서 해야 할 일은 도대체 무엇일까? 정답은 간단하다. 시대가 어떻든 그리스도인의 책무는 깨어 세상에 복음을 전하는 일이다. 세상이 이렇든 저렇든 우리의 할 일은 복음을 전하는 것이다. 세상에 복음을 전하는 일은 주님이 직접 우리에게 명령하셨고 거듭 부탁하신 가장 중요한 일이다.

"예수께서 나아와 일러 가라사대 하늘과 땅의 모든 권세를 내게 주셨으니 그러므로 너희는 가서 모든 족속으로 제자를 삼아 아버지와 아들과 성령의 이름으로 침례(세례)를 주고 내가 너희에게 분부한 모든 것을 가르쳐 지키게 하라 볼찌어다 내가 세상 끝날까지 너희와 항상 함께 있으리라 하시니라" – 마태복음 28장 18-20절

"예수께서 또 가라사대 너희에게 평강이 있을찌어다 아버지께서 나를 보내신 것 같이 나도 너희를 보내노라"
– 요한복음 20장 21절

한 통계 자료에 의하면 세계 인구는 5배로 증가했음에도 기독교인의 수는 정체되어 있다고 한다. 사람들이 무신론을 추구하는 것이 이유일 수도 있지만 그렇다면 천주교와 모르몬교, 여호와의 증인과 같은 다른 종교들이 30%나 성장한 것은 설명이 안 된다. 그리스도인들이 그만큼 주님을 전하는 일에 소홀히 하고 있다는 반증이다.

세계적인 역사학자 토인비도 일본을 방문한 뒤 이런 말을 한 적이 있다.

"장차 아시아는 기독교가 아닌 불교의 영향권에 빠지게 될 것이다."

이런 시대라 할지라도 우리는 시대를 파악하고 하나님의 비전을 성취하기 위해 최선을 다해야 한다.

마틴 루터는 하나님의 음성에 순종하며 과감히 수도사의 직분을 포기하고 "의인은 믿음으로 말미암아 살리라"라는 말씀 하나를 붙들고 종교개혁을 일으켰다.

마틴 루터 킹 목사는 수차례 살해 위협, 심지어 폭탄 테러로 집을 잃으면서까지도 하나님이 주신 비전을 포기하지 않았다. "세계를 움직일 수 있는 힘은 사랑뿐이다!"라고 진리를 외치며 비폭력 운동으로 노벨평화상을 탔을 때 마틴 루터 킹의 나이는 고작 35세였다.

유관순 열사는 주님의 음성을 듣고 만세 운동의 최전선에 뛰어들었다. 하나님이 주신 비전에는 불가항력이 있을 수 없다. 나이도, 나라도, 민족도 상관이 없다. 오직 믿음만이 필요조건이다.

세상이 아무리 어두울지라도 이미 빛 되신 주님을 마음에 품고 있다면, 주님의 음성에 귀를 기울인다면 우리는 시대와 상관없이 복음을 전하는 일에 쓰임을 받을 수 있다. 주님의 말씀처럼 세상을 이기고 복음을 전하기 위해서는 먼저 우리의 성품과 자세가 준비되어 있어야 한다.
하나님이 사용하시는 사람의 다섯 가지 유형이 무엇인지 살펴보자.

## 첫째, 하나님은 사랑의 사람을 사용하신다.

기독교는 생명의 종교이기도 하지만 사랑의 종교이기도 하다. 기독교의 핵심이자 정체성이 사랑이기 때문이다. 독생자인 예수님이 이 땅에 오실 수 있었던 것은 하나님이 사랑 그 자체이기 때문이었다. 하나님은 우리를 그만큼 사랑하시기에 독생자를 세상에 보내면서까지라도 구원하셨다.

하나님은 기본적으로는 사랑을 통해 우리에게 복음을 전하신다. 유럽을 정복한 나폴레옹은 말년에 이런 말을 했다.

"나는 무력으로 세계를 정복하려고 했으나 유럽도 점령하지 못하고 실패했다. 그러나 예수는 사랑으로 세계를 정복했다."

하나님이 세상을 사랑하사 독생자가 죽을 줄 알면서도 세상에 보내셨듯이 이제 우리도 같은 마음으로 세상을 바라보며 눈물을 흘려야 한다. 이스라엘 백성들을 구원하러 하나님 앞에서 눈물을 흘린 모세처럼 주님을 모르고 방황하는 영혼들을 향한 뜨거운 사랑을 품은 그리스도인들이 필요하다.


## 둘째, 하나님은 겸손한 사람을 사용하신다.

교만한 사람은 하나님이 이루신 일도 자기가 한 것처럼 뽐

내지만 겸손한 사람은 모든 일에 하나님을 자랑하며 하나님께 영광을 돌린다. 야고보의 말처럼 하나님은 주 앞에서 낮추는 사람을 높여주신다. 하나님의 은혜는 겸손한 자들에게 임하지만 교만한 사람은 하나님을 대적한다. 성경의 모든 쓰임받은 사람들은 주님 앞에 겸손한 사람들이었다. "제가 어찌 주님께 쓰임을 받으오리까?" 이 고백을 드릴 수 있는 겸손의 사람을 바로 주님이 들어 사용하신다. 나를 구원하시고 사랑의 마음을 주신 주님은 다시 나를 통해 주님의 복음을 세상에 전하길 원하신다. 성령님의 감동하심이 느껴진다면, 하나님이 주신 분명한 소명이 느껴진다면 지금 내가 할 수 있는 일일까 걱정하기보다는 순종하는 것이 진정한 겸손이다.

## 셋째, 하나님은 감사하는 사람을 사용하신다.

성경이 우리에게 가르치는 가르침 중 가장 지키기 힘든 것은 범사에 감사하라는 말씀이다.

"범사에 감사하라 이는 그리스도 예수 안에서 너희를 향하신 하나님의 뜻이니라" – 데살로니가전서 5장 18절

예수님이라는 가장 귀한 선물을 받은 사람에겐 세상의 모든 것이 은혜이자 감사할 제목이다. 역경에도 감사할 수 있는 사람은 하나님의 귀한 사명을 감당할 수 있는 훌륭한 재

목이다. 비록 우리가 사는 세상과 처한 상황이 한 치 앞도 보이지 않을 정도로 어둡다 할지라도 감사함으로 한 줄기 진리의 빛을 발견할 수 있는 사람은 주님께 크게 쓰임 받는다. 나에게 허락하신 조국, 태어나게 해주신 부모님, 다니게 하신 교회, 만나게 하신 모든 사람들…. 무엇보다 모든 것을 허락하신 하나님께 감사해야 한다.

『'사랑의 원자탄' 손양원 목사님은 순천 사건으로 억울하게 두 아들을 하루아침에 잃으셨다. 도저히 감사할 수 없는 참담한 순간에도 손양원 목사님은 조문객들에게 다음과 같이 답사로 감사의 제목을 올렸다.

첫 번째, 나 같은 죄인의 혈통에서 순교자가 나오게 하셨으니 감사합니다.

두 번째, 많은 성도 중에 저에게 이런 보배를 맡겨 주셨으니 감사합니다.

세 번째, 자녀 중 가장 아름다운 장자와 차자를 바치게 하시니 감사합니다.

네 번째, 한 아들의 순교도 값지거늘 두 아들을 순교하게 하시니 감사합니다.

다섯 번째, 예수 믿다가 편히 가는 것도 복이거늘, 전도를 하다 총살을 당하게 하시니 감사합니다.

여섯 번째, 미국 유학을 준비하던 아들이 더 좋은 천국에 갔으니 감사합니다.

일곱 번째, 아들의 원수를 오히려 내 아들로 삼게 할 수 있는 사랑을 주심에 감사합니다.

여덟 번째. 두 아들의 순교로 더 많은 주님 안의 자녀들이 생길 것이니 감사합니다.

아홉 번째, 역경 가운데에도 믿음과 기쁨을 허락하시니 감사합니다.

열 번째, 분수에 넘치는 과분한 복을 허락하셨으니 감사합니다. 』

하나님은 어떤 상황에서도 감사하는 사람을 사랑하신다. 감사를 모르는 사람은 작은 역경에도 사명을 포기하고 넘어지지만 매사에 감사하는 사람은 역경을 오히려 디딤돌로 삼아 더 하나님께 가까이 나아간다.


## 넷째, 하나님은 용서하는 사람을 사용하신다.

하나님은 구원의 순간 우리의 모든 죄를 아무 대가도 없이 전부 용서해 주셨다. 하나님으로부터 이런 놀라운 은총을 받은 우리가 다른 사람을 용서하지 않는다면 더 나아가 하나님과 화목하게 하는 놀라운 복음을 전할 수는 없다.

당장 살아온 하루만 돌아봐도 우리는 셀 수 없을 정도로 많은 죄를 지었으나 주님은 이 역시 모두 용서해 주셨다. 추악한 죄인인 나를 용서하시고 구원하셨다는 이유 하나만으로 나도 다른 사람을 용서해야 한다. 연약한 인간은 누구든 언제나 넘어질 수 있다. 주님의 사랑 안에서 서로 용서하며 나아갈 때 세상 사람들은 우리의 모습 안에서 하나님의 살아계심을 목격한다.

① 야곱과 에서는 서로 용서하며 화해했다(창 33:4-15).
② 요셉은 자기를 팔았던 형제들을 용서했다(창 45:8-15),
③ 모세는 자기를 저주했던 미리암을 용서했다(민 12:1-13).
④ 다윗은 용서의 본을 보였다(삼하 19:18-23).
⑤ 스데반은 자기에게 돌을 던진 군중을 용서했다(행 7:60).

위대한 성서학자 윌리엄 바클레이는 우리가 다른 사람을 비판하지 않고 무조건적으로 용서해야 하는 세 가지 이유를 다음과 같이 말했다.

첫째, 우리는 하나님이 아니기에 사람이 처한 상황과 감정을 완전히 이해할 수 없다. 우리 역시 동일한 상황에서는 똑같은 죄를 저질렀을 수 있다.

둘째, 사람은 정확한 판단을 내릴 수 없다. 비판과 비난을 합리화하기보다는 용서하는 것이 더 나은 선택이다.

셋째, 다른 사람을 비판하거나 심판할 수 있는 온전한 사람은 세상에 아무도 없다. 그러나 용서는 누구나 할 수 있는 하나님의 선한 속성이다.

우리가 다른 사람을 용서할 때 하나님도 우리를 용서하시고 우리의 기도를 들어주신다. 우리가 다른 사람을 용서하지 않을 때 하나님도 우리를 용서하지 않으시고 우리의 기도에 귀를 기울이지 않으신다. 용서하지 않는 사람은 하나님과도 결코 화목한 관계를 유지할 수 없다. 그러므로 우리는 우리의 힘이 닿는 데까지 주님을 생각하며 용서하고자 노력해야 한다.

## 다섯째, 하나님은 희생하는 사람을 사용하신다.

처음 복음을 접하고 주님을 영접하던 때를 떠올려보자. 시간을 내서 복음을 전하러 왔든, 길 가다 복음을 듣고 믿기로 했든 우리의 복음은 반드시 다른 사람의 희생을 기반으로 세워졌다. 지금 이 시대를 살고 있는 내가 믿는 이 복음을 위해 셀 수도 없는 많은 사람들이 피와 땀을 흘리고, 고난과 시련을 마다하지 않았다. 하늘의 보좌를 버리고 내려오사 낮은 사람들을 섬기시고 십자가에 달려 죽기까지 하신 예수님의 놀라운 사랑 때문이다. 이 사랑을 목격하고 전해 들은 성도들의 희생이 계속 켜켜이 쌓여 2천 년이 지난 지금까지 퍼져나가 나에게로까지 전해졌다. 구원의 은혜를 입었다면 이제는 내가 복음의 전달자라는 사명을 기쁨으로 감당해야 한다. 복음 전파의 역사는 곧 희생의 역사이기도 하다.

"내가 진실로 진실로 너희에게 이르노니 한 알의 밀이 땅에 떨어져 죽지 아니하면 한 알 그대로 있고 죽으면 많은 열매를 맺느니라"– 요한복음 12장 24절

● 아브라함은 독자 이삭을 드려 하나님을 섬겼다(창 22:1).
● 예수님은 우리를 살리기 위해 모든 물과 피를 쏟으셨다 (사 53:4,5).
● 사도 바울은 회심 후 하루도 낭비하지 않고 복음을 전파하는 삶을 살았다(빌 3:8,9).

한 알의 씨앗이 땅에 심겨질 때 그냥 죽음으로 끝나는 것이 아니라 풍성한 열매로 돌아온다. 내가 할 수 있는 작은 부분부터 조금씩 희생하며 복음을 전할 때 주님은 나의 작은 희생을 통해 하나님 나라의 큰 뜻을 이루신다.


# 결론

오늘날 우리가 처한 현실은 마치 어두운 밤과 같이 어둡고 암울하다. 어떤 시대에도 세상에는 소망이 없으며 세상에서 일어나는 모든 일들은 빛과 소망이 아닌 두려움과 불안함을 유발한다. 이런 현실이 두렵고 무섭겠지만 그럼에도 주님의 소망을 품은 그리스도인들은 세상을 향해 나아가야 한다. 어

두운 새벽을 깨우기 위해 주님이란 빛을 들고 세상에 나가야 한다.

안타깝게도 이제 세상 사람들은 입으로만 전하는 복음에는 관심이 없다. 잦은 실책으로 진리의 복음이 너무 많이 퇴색되었기 때문이다. 우리의 삶과 인격이 뒷받침되지 않으면 복음은 힘을 잃게 되고 하나님도 우리를 사용하지 않으신다. 아무리 열심히 복음을 전해도 열매를 맺지 못하고 싹도 피지 못한 채 길가에서 복음의 씨앗은 메말라버릴 것이다. 무엇보다 지금 내가 처한 상황, 나에게 부족한 성품이 무엇인지를 파악하자. 사랑의 사람, 겸손의 사람, 감사의 사람, 용서의 사람, 희생의 사람이 되어 열매 맺는 복음의 전달자가 되어야 한다. 힘들고 어려운 길일지라도 우리가 내리는 작은 결단과 노력을 통해 하나님은 놀랍게 사용하실 것이다. 어두운 세상을 깨우고 밝은 주의 복음으로 온 세상을 가득 채우기 위해 우리의 삶을 주님께 드리자.

# 3. 복음의 위력

"첫째는 내가 예수 그리스도로 말미암아 너희 모든 사람을 인하여 내 하나님께 감사함은 너희 믿음이 온 세상에 전파됨이로다 내가 그의 아들의 복음 안에서 내 심령으로 섬기는 하나님이 나의 증인이 되시거니와 항상 내 기도에 쉬지 않고 너희를 말하며 어떠하든지 이제 하나님의 뜻 안에서 너희에게로 나아갈 좋은 길 얻기를 구하노라 내가 너희 보기를 심히 원하는 것은 무슨 신령한 은사를 너희에게 나눠 주어 너희를 견고케 하려함이니 이는 곧 내가 너희 가운데서 너희와 나의 믿음을 인하여 피차 안위함을 얻으려 함이라 형제들아 내가 여러 번 너희에게 가고자 한것을 너희가 모르기를 원치 아니하노니 이는 너희 중에서도 다른 이방인 중에서와 같이 열매를 맺게 하려 함이로되 지금까지 길이 막혔도다 헬라인이나 야만이나 지혜 있는 자나 어리석은 자에게 다 내가 빚진 자라 그러므로 나는 할 수 있는대로 로마에 있는 너희에게도 복음 전하기를 원하노라 내가 복음을 부끄러워하지 아니하노니 이 복음은 모든 믿는 자에게 구원을 주시는 하나님의 능력이 됨이라 첫째는 유대인에게요 또한 헬라인에게로다 복음에는 하나님의 의가 나타나서 믿음으로 믿음에 이르게 하나니 기록된바 오직 의인은 믿음으로 말미암아 살리라 함과 같으니라" – 로마서 1장 8–17절

# 서론

사람들은 누구나 힘을 원한다. 세상의 힘은 다양한 형태로 존재한다. 말 그대로 원초적인 힘인 체력인 경우도 있고, 뛰어난 정신력, 재력, 권력 등 많은 종류의 힘이 있다. 특히나 현대 과학이 창조한 힘은 우리의 생각을 뛰어넘을 정도로 어마어마하다. 1945년도에 히로시마에 떨어진 원자폭탄은 20만 명의 목숨을 앗아갔다. 지금 지구에 있는 핵폭탄이 전부 터지면 지구는 아예 사라질 것이라는 전망도 있다.

그러나 이렇게 발달된 과학으로도 여전히 자연재해를 막을 순 없다. 지구촌 곳곳에 일어나는 쓰나미는 대피하는 것 이외에는 막을 방법이 없으며 미국에서 일어나는 산불은 아무리 소화를 해도 1년 넘게 이어지기도 한다.

자연과 과학의 힘은 인류의 존속을 위협할 정도로 엄청난 위력이 있다. 그러나 이 힘들은 우리에게 생명과 기쁨을 주기보다 파괴와 죽음을 가져오는 경우가 훨씬 많다. 세상의 법칙에 따른 힘은 결국 위력이 아무리 강하다 해도 오히려 삶에 부정적인 영향을 미친다. 오직 예수 그리스도의 복음만이 이런 세상의 법칙을 거슬러 생명과 회복을 가져다준다. 세상의 그 어떤 힘들의 위력을 모두 합친다 해도 그리스도의 복음의 위력을 이길 수는 없다. 복음의 무엇이 그토록 위력적인지 성경 말씀을 통해 구체적으로 살펴보자.

## 첫째, 죄와 유혹을 극복하게 하는 위력이 있다.

"모든 사람이 죄를 범하였으매 하나님의 영광에 이르지 못하더니" – 로마서 3장 23절

세상 사람들은 모두 죄인이기 때문에 세상은 죄로 가득 차 있다. 죄의 유혹을 극복하기 위해서 우리는 먼저 죄의 근원을 찾아볼 필요가 있다.

① 죄는 마귀에게서 비롯된다(요일 3:8).
② 죄는 불순종에서 비롯된다(롬 5:19).
③ 죄는 우리 마음속에서 드러난다(마 12:34,35).
④ 죄는 욕심에서 비롯된다(약 1:14,15).

다양한 학문과 철학, 수련으로 인간은 죄의 문제를 해결하기 위해 노력해왔다. 죄로부터 벗어나고자 갖가지 방법을 동원해봤지만 인간은 결코 스스로 죄의 문제를 해결할 수 없었다. 인류의 역사가 곧 죄의 역사와 구원을 스스로 할 수 없음을 증명하고 있는 것이다. 성경도 이에 대해 다음과 같이 증거한다.

① 인간의 힘으로는 결코 죄를 극복할 수 없다(롬 6:23).
② 행위로는 결코 구원받을 수 없다(딛 3:5).

③ 사회제도로도 결코 죄를 극복할 수 없다.

인간은 모두가 악하기 때문에 사회에는 어쩔 수 없는 법과 도덕, 규율 등이 등장했다. 모든 사람이 서로 사랑하고 진실하다면 법이 무슨 소용이 있고, 규율이 무슨 필요가 있겠는가? 제도가 없는 순간 인간은 죄와 욕심에 사로잡힌 이기적인 존재가 되기 때문에 이런 조치들은 어쩔 수 없이 생겨난 죄의 부산물이나 마찬가지다. 그럼에도 여전히 인간의 죄성은 낱낱이 드러나고 있다.

죄를 지으면 교도소에 간다고 모두가 죄를 저지르지 않는 것이 아니며, 여전히 드러나지 않게 교묘하게 사기와 범죄를 저지르는 사람들도 많다. 심지어 죄의 심판을 받을 것을 알면서도 태연하게 흉악 범죄를 저지르는 사람들도 있다. 미국만 해도 점점 늘어나는 교도소를 나라에서 관리하기 힘들어 민간 업체에 위탁하고 있는 상황이다. 이런 상황 가운데 인류가 스스로 죄의 문제를 해결하고 자정될 수 있다고 생각하는 것은 어불성설이다.

그렇다면 도대체 어떻게 죄를 극복해야 하는가? 다시 한번 강조하지만 오직 예수 그리스도의 보혈로 이루어진 구원밖에는 답이 없다. 인류와 세상 내부에 방법이 없음을 알았기 때문에 우리를 구원하신 창조주 하나님이 보내주신 외부의 은혜에 의존할 수밖에 없는 것이다. 이 은혜를 믿음으로 받을 때에만 우리는 죄와 유혹을 극복할 수 있다. 복음을 믿는 것이 죄에서 해방될 수 있는 유일한 방법이다.

> "율법을 좇아 거의 모든 물건이 피로써 정결케 되나니
> 피흘림이 없은즉 사함이 없느니라" – 히브리서 9장 22절

세상의 그 어떤 사람도, 제도도, 학문도, 철학도 죄를 극복해낼 수 없지만 예수 그리스도의 보혈과 성령의 능력은 능히 우리가 죄의 유혹을 극복할 수 있게 만든다. 성도는 하나님이 주신 능력을 활용해 모든 죄와 유혹과 끈질기게 싸워야 한다.

① 예수 그리스도의 십자가를 생각함으로 죄와 유혹을 물리쳐야 한다(벧전 2:24).
② 죄를 회개하며 계속해서 유혹을 물리쳐야 한다(요일 1:9).
③ 죄와 유혹을 최대한 피해야 한다(딤후 2:22).
④ 경건의 생활화로 죄와 유혹을 물리쳐야 한다(딤후 3:12).

## 둘째, 세상을 이기는 위력이 있다.

"이 세상이나 세상에 있는 것들을 사랑치 말라 누구든

지 세상을 사랑하면 아버지의 사랑이 그 속에 있지 아니하니 이는 세상에 있는 모든 것이 육신의 정욕과 안목의 정욕과 이생의 자랑이니 다 아버지께로 좇아 온 것이 아니요 세상으로 좇아 온 것이라 이 세상도, 그 정욕도 지나가되 오직 하나님의 뜻을 행하는 이는 영원히 거하느니라"– 요한1서 2장 15–17절

주님은 우리에게 세상의 것들을 사랑하지 말라고 말씀하셨다. 세상은 결코 우리의 힘만으로는 이길 수가 없다. 이미 수많은 사람들이 자기 능력으로 세상을 이겨보려고 싸웠지만 누구도 승리했던 적이 없었다. 세상에서 아무리 위대하고 현명한 사람도 이길 수 없는 싸움이지만 예수 그리스도를 믿음으로 보혈의 능력을 힘입으면 어떤 사람이든지 세상을 이길 수 있다.

"이것을 너희에게 이름은 너희로 내 안에서 평안을 누리게 하려함이라 세상에서는 너희가 환난을 당하나 담대하라 내가 세상을 이기었노라 하시니라"– 요한복음 16장 33절

이미 우리 주님은 세상을 이기시면서 복음을 통해 우리도 이길 수 있다는 사실을 보여주셨다. 확실한 승리의 비결인 복음을 마련해 주신 예수님을 믿음으로 우리도 능히 세상을 이길 수 있다.

## 셋째, 질병을 이기는 위력이 있다.

"예수께서 이르시되 할 수 있거든이 무슨 말이냐 믿는 자에게는 능치 못할 일이 없느니라 하시니 곧 그 아이의 아비가 소리를 질러 가로되 내가 믿나이다 나의 믿음 없는 것을 도와 주소서 하더라 예수께서 무리의 달려 모이는 것을 보시고 그 더러운 귀신을 꾸짖어 가라사대 벙어리 되고 귀먹은 귀신아 내가 네게 명하노니 그 아이에게서 나오고 다시 들어가지 말라 하시매 귀신이 소리지르며 아이로 심히 경련을 일으키게 하고 나가니 그 아이가 죽은것 같이 되어 많은 사람이 말하기를 죽었다 하나 예수께서 그 손을 잡아 일으키시니 이에 일어서니라"-마가복음 9장 23-27절

세상에서는 셀 수도 없을 정도의 수많은 병이 있다.

발달된 의학으로 손쉽게 고칠 수 있는 병들도 많지만 여전히 원인도 방법도 모르는 병에 의해 많은 사람들이 고통받고 있다. 주님은 세상에 오셨을 때 복음을 두루 전하시며 동시에 많은 병자들도 고쳐주셨다. 복음에는 그 어떤 질병도 고칠 수 있는 능력이 있기 때문이다.

오늘날에도 복음이 퍼지는 곳에 기적적으로 질병들이 고쳐지는 역사가 일어나고 있다. 지금도 하나님의 말씀을 붙들고 간절히 기도하면 하나님은 우리의 모든 질병을 고쳐주신다.

## 넷째, 고난과 궁핍을 극복할 위력이 있다.

> "우리는 그리스도의 연고로 미련하되 너희는 그리스도 안에서 지혜롭고 우리는 약하되 너희는 강하고 너희는 존귀하되 우리는 비천하여 바로 이 시간까지 우리가 주리고 목마르며 헐벗고 매맞으며 정처가 없고 또 수고하여 친히 손으로 일을 하며 후욕을 당한즉 축복하고 핍박을 당한즉 참고 비방을 당한즉 권면하니 우리가 지금까지 세상의 더러운 것과 만물의 찌끼 같이 되었도다"-고린
> 도전서 4장 10-13절

사도 바울은 하나님을 위해 말할 수 없는 고난과 고통을 감내했다. 성경에 나온 것만 세도 보통 사람은 목숨을 몇 번이나 잃을 수 있었을 것 같은 극심한 고난이었다. 그럼에도 사도 바울은 복음의 능력으로 모든 고난을 극복하고 오히려 다음과 같이 고백했다.

> "내가 궁핍하므로 말하는 것이 아니라 어떠한 형편에든지 내가 자족하기를 배웠노니 내가 비천에 처할 줄도 알고 풍부에 처할 줄도 알아 모든 일에 배부르며 배고픔과 풍부와 궁핍에도 일체의 비결을 배웠노라 내게 능력 주시는 자 안에서 내가 모든 것을 할 수 있느니라"-빌립보서 4
> 장 11-13절

사도 바울만큼은 아니어도 오늘날에도 어려운 환경에 처한 그리스도인이 많다. 경제적인 어려움, 학업의 어려움, 직장의 어려움, 진로의 어려움, 결혼과 인간관계의 어려움 등. 세상의 여러 가지 일들로 한 번쯤은 괴로움을 겪는다. 하지만 그럼에도 다시 힘을 내어 일어서야 하는 것은 주님이 어떤 상황에서도 우리를 지키시며 떠나지 않으신다고 약속하셨기 때문이다. 주님의 약속을 믿는 참된 그리스도인들은 그 복음이 주는 능력으로 인해 모든 고난을 극복할 수 있다. 언제나 함께 하시는 주님이 주시는 복음의 능력을 힘입어 불평 대신 감사함으로 고난을 이겨내야 한다.

## 다섯째, 인격을 변화시키는 위력이 있다.

> "주라 그리하면 너희에게 줄 것이니 곧 후히 되어 누르고 흔들어 넘치도록 하여 너희에게 안겨 주리라 너희의 헤아리는 그 헤아림으로 너희도 헤아림을 도로 받을 것이니라" – 누가복음 6장 38절

그리스도인은 세상과는 다른 법칙을 믿고 세상 사람과는 다른 방식으로 살아간다. 그중의 가장 큰 차이점은 받는 것보다 주는 것을 더 기뻐하는 삶의 방식이다. 그리스도인들은 많이 가지려고 하는 사람들이 아니라 많이 주려고 하는 사람

이다. 세상 사람들은 세상의 법칙을 따라 죄의 유혹을 거스르지 못하고 이기적으로 삶을 살아간다. 복음을 믿고 영생을 얻은 그리스도인들은 세상의 모든 것이 아무 의미도 없는 헛된 것임을 알기에 오직 복음만을 소중히 여기고 가지려 하기보다 나누는 일에 헌신한다. 복음은 우리 인격까지도 변화시키기 때문이다.

아이러니하게도 현대 심리학의 연구 결과를 보면 사람은 "많이 가지는 사람보다 많이 주는 사람이 더 행복하다"라고 한다. 하나님이 인간을 그렇게 창조하셨기 때문이다. 죄의 영향력 아래 있는 사람들은 자신들이 어떤 일을 하고, 무엇을 해야 행복한 지도 모르고 그저 죄의 흐름에 따라 이기적으로 살아왔지만 결국 진정한 행복은 말씀을 따라 복음 안에 살아갈 때만 얻을 수 있다.

복음을 믿으면 모든 것이 변화한다. 받기보다는 나누게 되고, 미워하기보다 서로 사랑하게 되며, 오해하고 판단하기보다 이해하고 용서하게 된다. 심지어 나와 전혀 관계없는 사람들을 위해서도 눈물로 기도하게 된다. 정말로 복음에는 어떤 죄인이라도 변화시킬 위력이 있다.

## 여섯째, 생명의 위력이 있다.

"내가 진실로 진실로 너희에게 이르노니 내 말을 듣고 또 나 보내신 이를 믿는 자는 영생을 얻었고 심판에 이르지 아니하나니 사망에서 생명으로 옮겼느니라" – 요한복음 5장 24절

모든 사람의 결국은 죽음이다.

죄의 결과가 죽음이기 때문에 죄의 문제를 결코 해결하지 못하는 사람은 이 영원한 죽음을 피할 수 없다. 결국 지금 당장은 살아있고, 아무 문제가 없는 것 같아도 사실 모두 죽어 있는 것이나 마찬가지다. 주님은 그렇기에 무엇보다도 이 땅에서 살아가는 동안 거듭나야 한다고 거듭 강조하셨다.

"예수께서 대답하여 가라사대 진실로 진실로 네게 이르노니 사람이 거듭나지 아니하면 하나님 나라를 볼수 없느니라 니고데모가 가로되 사람이 늙으면 어떻게 날 수 있삽나이까 두번째 모태에 들어갔다가 날 수 있삽나이까 예수께서 대답하시되 진실로 진실로 네게 이르노니 사람이 물과 성령으로 나지 아니하면 하나님 나라에 들어갈 수 없느니라" – 요한복음 3장 3-5절

복음을 듣고 예수 그리스도를 믿으면 우리는 거듭남으로 우리가 이룰 수도, 생각할 수도 없었던 영원한 생명을 선물

로 얻게 된다. 다시 말하면 복음에는 생명을 주는 힘이 있다. 복음의 위력은 개인에게 국한된 것이 아니라 한 개인으로 인해 때로는 가정이 생명을 얻고(행 16:29), 에스더와 느헤미야처럼 한 나라와 민족이 살아나기도 한다.

세상이 아무리 점점 더 악해진다 하더라도 우리가 휩쓸릴 필요는 없다. 하나님의 복음의 위력은 시대가 어떠하든지 믿는 사람에게는 동일하게 임하기 때문이다. 죄악이 온 땅에 만연했던 구약시대에도 하나님을 신뢰했던 노아와 가정은 구원받고 생명을 얻었던 것처럼, 점점 더 세상이 혼란해지고 방탕해진다 하더라도 믿음의 푯대를 붙잡으면 우리는 구원받고, 우리를 통해 많은 사람들이 생명의 복음을 믿게 될 것이다. 복음에는 영생을 얻게 할 힘이 있다. 이 복음을 마음속에 두고 살아가는 우리들은 세상 사람들보다 더 생명력 넘치는 삶을 살아가며 하루하루의 삶으로 복음이 가진 위력을 세상에 증거해야 한다.


# 결론

세상에는 엄청난 힘을 가진 것들이 많이 있다. 과학과 자연재해는 최신 기술이 발달한 지금도 우리의 생각을 아득히 뛰어넘을 정도로 강대한 힘이 있다. 하지만 이런 힘들은 우리 삶을 행복하게 해주기보다는 대부분 파괴와 죽음에 이르게 한다. 이런 이유로 세상이 점점 발전해나간다 해도 여전히 사람들의 마음속의 공포와 불안은 점점 더 깊어만 간다.

이 모든 문제를 해결할 아주 놀라운 소식이 있다. 주님이 주시는 기쁘고 복된 소식의 복음이 우리의 삶을 사망에서 생명으로, 파괴에서 회복으로 돌릴 위력이 있기 때문이다. 복음은 죄와 유혹을 극복할 힘이 되고, 그로 인해 그리스도인들은 어려운 환경 속에서도 오히려 감사함으로 기쁘고 행복한 삶을 살게 된다.

복음에는 또한 그 어떤 죄인도 거듭나게 할 위력이 있으며 그로 인해 세상의 법칙을 거스르는 진정한 행복을 위한 인격으로 우리는 변화된다. 복음을 붙잡을수록 우리의 삶은 예수 그리스도의 삶을 닮아간다. 나 하나의 존재는 비록 미약하고 아무런 능력도 없지만 우리 안에 있는 복음의 위력으로 우리는 세상의 모든 문제를 이겨내고 영생의 기쁨을 누리며 살아갈 수 있다.

# 4. 온 인류의 기쁜 소식

"하나님의 뜻으로 말미암아 그리스도 예수의 사도 된 바울과 및 형제 디모데는 고린도에 있는 하나님의 교회와 또 온 아가야에 있는 모든 성도에게 하나님 우리 아버지와 주 예수 그리스도로 좇아 은혜와 평강이 있기를 원하노라 찬송하리로다 그는 우리 주 예수 그리스도의 하나님이시요 자비의 아버지시요 모든 위로의 하나님 이시며 우리의 모든 환난 중에서 우리를 위로하사 우리로 하여금 하나님께 받는 위로로써 모든 환난 중에 있는 자들을 능히 위로하게 하시는 이시로다 그리스도의 고난이 우리에게 넘친것 같이 우리의 위로도 그리스도로 말미암아 넘치는도다 우리가 환난 받는 것도 너희의 위로와 구원을 위함이요 혹 위로 받는 것도 너희의 위로를 위함이니 이 위로가 너희 속에 역사하여 우리가 받는것 같은 고난을 너희도 견디게 하느니라 너희를 위한 우리의 소망이 견고함은 너희가 고난에 참예하는 자가 된것 같이 위로에도 그러할 줄을 앎이라 형제들아 우리가 아시아에서 당한 환난을 너희가 알지 못하기를 원치 아니하노니 힘에 지나도록 심한 고생을 받아 살 소망까지 끊어지고 우리 마음에 사형 선고를 받은 줄 알았으니 이는 우리로 자기를 의뢰하지 말고 오직 죽은 자를 다시 살리시는 하나님만 의뢰하게 하심이라 그가 이같이 큰 사망에서 우리를 건지셨고 또 건지시리라 또한 이후에라도 건지시기를 그를 의지하여 바라노라 너희도 우리를 위하여 간구함으로 도우라 이는 우리가 많은 사람의

기도로 얻은 은사를 인하여 많은 사람도 우리를 위하여 감사하게 하려 함이라" – 고린도후서 1장 1–11절

# 서론

복음은 모든 사람들이 반드시 알고 영접해야 할 인류 역사상 가장 중요하고 기쁜 소식이다. 복음이 왜 그렇게 중요하고 또 어떤 역할을 하는지 복음의 속성에 대해서 먼저 알아보자.

## (1) 복음의 속성

① 복음의 주인은 예수 그리스도이시다(롬 1:2-4).

② 복음의 근원은 임마누엘의 하나님이시다(사 7:14, 마 1:23).

③ 복음 전파의 대상은 온 인류이다(요 3:16).

④ 복음의 능력은 구원이다(롬 1:16).

⑤ 복음은 전도로 이어진다(롬 1:15).

⑥ 복음의 조건은 회개와 믿음이다(막 1:15).

⑦ 복음은 죽음, 죄, 세상을 이길 능력이다(요 16:33, 행 16:31).

## (2) 복음의 성격

인류를 위한 복음은 오직 한 가지 예수 그리스도가 이 땅에 오셨고, 날 위해 돌아가셨고, 다시 부활하셨다는 사실 한

가지뿐이다. 복음의 소식은 하나지만 이 소식은 여러 가지
형태와 능력을 지닌다.

① 중생의 복음

"그런즉 누구든지 그리스도 안에 있으면 새로운 피조물
이라 이전 것은 지나갔으니 보라 새것이 되었도다"-고린
도후서 5장 17절

② 성결의 복음

"평강의 하나님이 친히 너희로 온전히 거룩하게 하시고
또 너희 온 영과 혼과 몸이 우리 주 예수 그리스도 강림
하실 때에 흠없게 보전되기를 원하노라"- 데살로니가전서 5장
23절

③ 신유의 복음

"너희 중에 병든 자가 있느냐 저는 교회의 장로들을 청
할 것이요 그들은 주의 이름으로 기름을 바르며 위하여
기도할찌니라 믿음의 기도는 병든 자를 구원하리니 주
께서 저를 일으키시리라 혹시 죄를 범하였을찌라도 사
하심을 얻으리라"- 야고보서 5장 14,15절

④ 재림의 복음

"이것들을 증거하신 이가 가라사대 내가 진실로 속히

오리라 하시거늘 아멘 주 예수여 오시옵소서" – 요한계시록 22장 20절

복음엔 이처럼 놀라운 능력이 있다. 복음은 오직 믿음으로만 얻을 수 있다. 그런데 어떤 사람의 믿음이 정말로 진실된 것인지는 어떻게 알 수 있을까? 믿음은 하나님과 나의 1:1로 이루어지는 관계로 오직 하나님만이 그 중심을 아실 수 있다. 그러나 '거듭남'이라는 결과로 우리는 구원을 점검할 수 있다.

복음을 믿고 영생을 얻은 사람은 마치 다시 태어난 사람처럼 거듭난다. 내가 구원을 확신하고 있음에도 예수님을 믿기 전과 후과 아무런 차이도 없다면 설령 그 구원이 진짜라 하더라도 세상 사람들은 아무도 믿지 않을 것이다. 그래서 예수님은 니고데모에게도 구원받으려면 거듭나라고 말씀하시며 거듭남의 중요성을 가르치셨다.
우리는 성경을 통해 거듭남의 세 가지 특성에 대해 알아야 한다.

## 첫째, 거듭남의 중요성

거듭남은 구원받기를 원하는 사람에게도, 구원받은 사람에

게도 매우 중요하다. 구원을 받은 뒤 우리 삶이 어떻게 변화되는지를 성경이 가르치는 거듭남을 통해 알 수 있기 때문이다. 성경이 가르치는 거듭남이 중요한 이유는 다음과 같다.

### (1) 거듭나면 하나님의 자녀가 된다.

"영접하는 자 곧 그 이름을 믿는 자들에게는 하나님의 자녀가 되는 권세를 주셨으니" – 요한복음 1장 12절

### (2) 거듭나면 천국을 보게 된다.

"예수께서 대답하여 가라사대 진실로 진실로 네게 이르노니 사람이 거듭나지 아니하면 하나님 나라를 볼수 없느니라" – 요한복음 3장 3절

### (3) 거듭나면 의를 행하게 된다.

"너희가 그의 의로우신 줄을 알면 의를 행하는 자마다 그에게서 난 줄을 알리라" – 요한1서 2장 29절

### (4) 거듭나면 죄를 미워하게 된다.

"하나님께로서 난 자마다 죄를 짓지 아니하나니 이는 하나님의 씨가 그의 속에 거함이요 저도 범죄치 못하는 것은 하나님께로서 났음이라" – 요한1서 3장 9절

### (5) 거듭나면 서로 사랑하게 된다.

"사랑하는 자들아 우리가 서로 사랑하자 사랑은 하나님께 속한것이니 사랑하는 자마다 하나님께로 나서 하나님을 알고" – 요한1서 4장 7절

### (6) 거듭나면 세상을 이기게 된다.

"대저 하나님께로서 난 자마다 세상을 이기느니라 세상을 이긴 이김은 이것이니 우리의 믿음이니라" – 요한1서 5장 4절

### (7) 거듭나면 하나님의 자녀가 된다.

"우리로 저의 은혜를 힘입어 의롭다 하심을 얻어 영생의 소망을 따라 후사가 되게 하려 하심이라" – 디도서 3장 7절


## 둘째, 거듭남의 방법

복음을 믿는 것과 거듭남의 의미는 사실상 같지만 약간의 차이점이 있다. 영생을 위해 복음을 덜컥 믿는다고 말하기는 쉽지만 거듭남은 그에 따른 책임이 수반되기 때문이다. 복음을 믿음으로 거듭나게 되는 것은 사실이지만 거듭나지 않은 모습으로 복음을 믿는다고 말할 수는 없다. 복음을 영접한 뒤에 거듭남이 이루어지는 방법을 통해 스스로의 신앙을 점검해야 한다.

### (1) 내가 죄인임을 깨달아야 한다.

"기록한바 의인은 없나니 하나도 없으며" – 로마서 3장 10절

### (2) 예수님이 나를 위해 돌아가셨음을 믿어야 한다.

"우리가 아직 죄인 되었을 때에 그리스도께서 우리를 위하여 죽으심으로 하나님께서 우리에게 대한 자기의 사랑을 확증하셨느니라" – 로마서 5장 8절

### (3) 모든 죄를 회개해야 한다.

"베드로가 가로되 너희가 회개하여 각각 예수 그리스도의 이름으로 침례(세례)를 받고 죄 사함을 얻으라 그리하면 성령을 선물로 받으리니" – 사도행전 2장 38절

### (4) 예수님을 그리스도로 영접해야 한다.

"볼찌어다 내가 문밖에 서서 두드리노니 누구든지 내 음성을 듣고 문을 열면 내가 그에게로 들어가 그로 더불어 먹고 그는 나로 더불어 먹으리라" – 요한계시록 3장 20절

## 셋째, 거듭남의 결과

받는 것보다 나누는 것이 사람을 더 행복하게 한다는 사실이 학문적으로도 증명 되었듯이 사람은 말씀을 따라 살 때 진

정으로 행복한 삶을 살게 된다. 거듭남 역시 많은 희생과 노력이 필요한 삶인 것처럼 느껴지지만 할 수 있는 만큼이라도 순종하며 살아갈 때 풍성한 성령의 열매들로 결과가 돌아온다.

### (1) 흑암에서 광명으로 옮겨진다.

"다시 내가 너희에게 새 계명을 쓰노니 저에게와 너희에게도 참된 것이라 이는 어두움이 지나가고 참빛이 벌써 비췸이니라" – 요한1서 2장 8절

### (2) 죽음에서 생명으로 옮겨진다.

"내가 진실로 진실로 너희에게 이르노니 내 말을 듣고 또 나 보내신 이를 믿는 자는 영생을 얻었고 심판에 이르지 아니하나니 사망에서 생명으로 옮겼느니라" – 요한복음 5장 24절

### (3) 슬픔에서 기쁨으로 옮겨진다.

"하나님의 나라는 먹는 것과 마시는 것이 아니요 오직 성령 안에서 의와 평강과 희락이라" – 로마서 14장 17절

### (4) 성장을 가져온다.

"갓난 아이들 같이 순전하고 신령한 젖을 사모하라 이는 이로 말미암아 너희로 구원에 이르도록 자라게 하려 함이라" – 베드로전서 2장 2절

거듭난 그리스도인에게는 특히 성장이 중요하다. 주님은 말씀을 씨앗으로 비유하셨는데 이 씨앗이 심겨져 잘 자라야 100배의 결실을 맺을 수 있기 때문이다. 신앙생활을 아무리 오래 해도 성장에 신경 쓰지 않으면 우리의 믿음은 도태되어 복음의 위력을 체험할 수 없게 된다.

성장의 영어 단어인 'GROWTH'의 앞 글자를 딴 '여섯 가지 성장 법칙'을 통해 우리 믿음이 올바로 자라나고 있는지 주기적으로 체크해야 한다.

- Go to God in prayer / 기도 생활
- Read God's word daily / 말씀 생활
- Obey God / 순종 생활
- Witness / 전도 생활
- Trust God / 믿음 생활
- Holy spirit control life / 성령 생활

# 결론

복음은 온 인류에게 주어진 복되고 기쁜 소식이다. 이 복음은 유대인과 이방인 구별 없이 모든 사람에게 필요한 소식이다. 모든 사람이 죄인이며 복음을 필요로 하지 않는 사람은 단 한 명도 없기 때문이다. 복음은 예수 그리스도 그 자체

이시다. 예수님이 이 땅에 육신으로 오셨을 때 깨어있는 믿음의 사람들은 이 소식으로 인해 더 없는 기쁨으로 찬양하였다.

이 놀라운 복음으로 우리는 거듭날 수 있다.
거듭남을 통해 우리는 영원한 생명을 얻고 하늘나라를 바라볼 수 있게 됐다. 내가 죄인임을 인정하고 마음속에 예수 그리스도를 영접할 때 이 복음은 우리 마음에 들어온다.

어두운 이 시대에 소망을 줄 수 있는 유일한 소식이 예수 그리스도의 복음이다. 인류에게 반드시 필요한, 유일한 구원의 도구 예수 그리스도의 복음을 모든 사람들은 믿음으로 받고 또 힘써서 전해야 한다.

# 5. 전도자의 10가지 자질

"하나님 앞과 산 자와 죽은 자를 심판하실 그리스도 예수 앞에서 그의 나타나실 것과 그의 나라를 두고 엄히 명하노니 너는 말씀을 전파하라 때를 얻든지 못 얻든지 항상 힘쓰라 범사에 오래 참음과 가르침으로 경책하며 경계하며 권하라 때가 이르리니 사람이 바른 교훈을 받지 아니하며 귀가 가려워서 자기의 사욕을 좇을 스승을 많이 두고 또 그 귀를 진리에서 돌이켜 허탄한 이야기를 좇으리라 그러나 너는 모든 일에 근신하여 고난을 받으며 전도인의 일을 하며 네 직무를 다하라 관제와 같이 벌써 내가 부음이 되고 나의 떠날 기약이 가까웠도다 내가 선한 싸움을 싸우고 나의 달려갈 길을 마치고 믿음을 지켰으니 이제 후로는 나를 위하여 의의 면류관이 예비되었으므로 주 곧 의로우신 재판장이 그 날에 내게 주실 것이니 내게만 아니라 주의 나타나심을 사모하는 모든 자에게니라" – 디모데후서 4장 1-8절

## 서론

복음은 인생에서 경험할 수 있는 가장 큰 변혁이다.

대부분의 사람들이 예수님을 만나고 완전히 새로운 삶을 살아간다. 사도 바울은 복음의 울림이 얼마나 컸던지 다메섹

도상에서 예수님을 만난 후 모든 인생을 100% 복음 전파에
만 헌신했다. 살아온 인생이 헛되다면 대부분 노년에 후회하
기 마련인데 사도 바울은 온갖 고비를 겪으며 복음을 전하고
노년이 되어서도 다음과 같이 우리에게 당부했다.

> "너는 말씀을 전파하라 때를 얻든지 못 얻든지 항상 힘
> 쓰라 범사에 오래 참음과 가르침으로 경책하며 경계하
> 며 권하라" – 디모데후서 4장 2절

명망 높은 학자로 얼마든지 호의호식하며 살 수 있었지만
사도 바울에게는 그 어떤 고난과 역경이 찾아오더라도 복음
을 전하는 삶만이 가치 있었기 때문이다. 디모데를 향한 이
권면은 오늘날 우리를 향한 권면이며, 또한 예수님이 마지막
으로 제자들에게 명한 지상명령이기도 하다.

그렇기 때문에 복음을 전하는 것은 그리스도인의 의무이
자 특권이다. 모든 그리스도인들은 주님의 말씀을 전하기에
힘써야 하지만 안타깝게도 최근 들어 전도는 '모든 성도'가
아닌 '특정인'이 하는 엄청난 사역처럼 여겨지는 것 같다. '전
도왕'이나 교역자가 아니더라도 모든 성도들은 자기 삶의 영
역에서 전도에 힘을 써야 한다. 연약하고 부족할지라도 최선
을 다해 주님의 말씀을 따를 때 주님은 우리의 입과 손을 통
해 풍성한 열매를 맺으시기 때문이다. 무엇보다 중요한 이
생명의 복음을 더욱 효과적으로 전하기 위해서 필요한 전도
자의 자질이 무엇인지 살펴보자.

## 1. 구원의 확신이 있어야 한다.

"태초부터 있는 생명의 말씀에 관하여는 우리가 들은 바요 눈으로 본 바요 주목하고 우리 손으로 만진 바라 이 생명이 나타내신바 된지라 이 영원한 생명을 우리가 보았고 증거하여 너희에게 전하노니 이는 아버지와 함께 계시다가 우리에게 나타내신바 된 자니라 우리가 보고 들은 바를 너희에게도 전함은 너희로 우리와 사귐이 있게 하려 함이니 우리의 사귐은 아버지와 그 아들 예수 그리스도와 함께 함이라" – 요한1서 1장 1-3절

우리는 직접 보고 듣고 느낀 것 외에는 증거할 수 없다. 복음을 듣고 영접하지 않은 사람은 결코 복음을 전할 수 없다. 복음을 전하기 위해선 먼저 굳건한 구원의 확신이 있어야 한다. 복음의 영접은 구원의 확신으로 이어진다. 복음은 믿는다 해도 구원에 대한 확신이 없는 사람은 확신을 가지고 증거할 수 없다. 당연하지만 가장 중요한 전도자의 자질은 구원에 대한 확신이다.

## 2. 주님과 교제하는 삶을 살아야 한다.

"내가 참 포도나무요 내 아버지는 그 농부라 무릇 내게

있어 과실을 맺지 아니하는 가지는 아버지께서 이를 제
해 버리시고 무릇 과실을 맺는 가지는 더 과실을 맺게
하려하여 이를 깨끗케 하시느니라 너희는 내가 일러준
말로 이미 깨끗하였으니 내 안에 거하라 나도 너희 안
에 거하리라 가지가 포도나무에 붙어 있지 아니하면 절
로 과실을 맺을 수 없음 같이 너희도 내 안에 있지 아니
하면 그러하리라 나는 포도나무요 너희는 가지니 저가
내 안에, 내가 저 안에 있으면 이 사람은 과실을 많이 맺
나니 나를 떠나서는 너희가 아무것도 할 수 없음이라"

– 요한복음 15장 1–5절

복음의 열매를 맺는 가장 쉬운 방법은 포도나무 되신 예수
님께 붙어 있는 것이다. 성경을 묵상하며 주님의 말씀을 듣
고 기도로 우리의 마음을 아뢰는 교제를 통해 우리는 주님과
함께 할 수 있다. 말씀에 대한 감동도 없이, 기도 생활도 없
이는 아무리 맞는 말을 들어 복음을 전한다 하더라도 열매가
맺히지 않는다. 복음을 전하는 사람은 우리일지라도 결국 모
든 일은 하나님께서 하시는 것이다. 그러므로 우리는 매일
시간을 내어 주님과 깊이 교제해야 한다.

## 3. 거룩한 생활로 이웃의 본이 되어야 한다.

> "누구든지 네 연소함을 업신여기지 못하게 하고 오직
> 말과 행실과 사랑과 믿음과 정절에 대하여 믿는 자에게
> 본이 되어" – 디모데전서 4장 12절

사도 바울은 믿음의 아들과도 같은 디모데에게 모든 사람의 본이 되도록 행실을 조심하라고 일렀다. 사역에는 때때로 권위가 필요하기 때문이다. 생명의 복음을 전하는 사람은 거듭난 사람이어야 하며, 거듭난 사람은 그렇지 않은 사람과 분명한 차이가 있어야 한다. 내·외적으로 깨끗한 생활을 해야 세상 사람들도 복음에 귀를 기울인다. 우리가 지혜롭게 복음을 전하고, 듣는 상대방도 흥미를 느낀다 하더라도 우리의 생활이 본이 되지 못한다면 결국은 받아들여지지 않게 된다. 특히 다음의 생활습관이 본이 되도록 그리스도인들은 스스로를 단련해야 한다.

① 언어생활의 본(잠 4:24, 골 4:6)

② 행실의 본(마 5:13–16)

③ 사랑의 본(요 13:34,35)

④ 믿음의 본(히 11:6)

⑤ 정절의 본(고전 6:18)

# 4. 성경을 바르게 알아야 한다.

"형제들아 내가 너희에게 전한 복음을 너희로 알게 하
노니 이는 너희가 받은 것이요 또 그 가운데 선 것이라
너희가 만일 나의 전한 그 말을 굳게 지키고 헛되이 믿
지 아니하였으면 이로 말미암아 구원을 얻으리라 내가
받은 것을 먼저 너희에게 전하였노니 이는 성경대로 그
리스도께서 우리 죄를 위하여 죽으시고 장사 지낸바 되
었다가 성경대로 사흘만에 다시 살아나사" – 고린도전서 15장
1-4절

복음을 전하는 사람들은 복음이 담긴 성경에 대한 최소한
의 지식은 바르게 알고 있어야 한다. 복음의 내용이 무엇이
며 성경이 왜 진리인지 언제, 누구에게나 자신 있게 말할 수
있어야 한다. 물론 우리가 성경에 대한 모든 것을 알 수는 없
다. 그러나 내가 전하는 복음의 방식에 필요한 만큼은 알고
있어야 한다. 합리적이고 수준 높은 교육을 받은 현대인들에
게 과거처럼 일단 믿고 보라고 말을 할 수는 없기 때문이다.
복음의 내용뿐 아니라 기독교의 기본적인 교리와 역사를 알
고 있다면 이 역시 복음을 전하는데 큰 도움이 될 것이다.

## 5. 영혼을 사랑하고 불쌍히 여기는 마음이 있어야 한다.

"예수께서 저희에게 이 비유로 이르시되 너희 중에 어느 사람이 양 일백 마리가 있는데 그 중에 하나를 잃으면 아흔 아홉 마리를 들에 두고 그 잃은 것을 찾도록 찾아 다니지 아니하느냐 또 찾은즉 즐거워 어깨에 메고 집에 와서 그 벗과 이웃을 불러 모으고 말하되 나와 함께 즐기자 나의 잃은 양을 찾았노라 하리라 내가 너희에게 이르노니 이와 같이 죄인 하나가 회개하면 하늘에서는 회개할 것 없는 의인 아흔 아홉을 인하여 기뻐하는 것보다 더하리라" – 누가복음 15장 3–7절

주님은 비유를 통해 한 영혼이 얼마나 귀한지 설명하셨다. 한 영혼은 천하보다도 귀하고, 한 마리의 양을 찾기 위해 온 산을 헤매는 것이 선한 목자이신 예수님의 마음이다. 이런 사랑의 마음을 통해 복음을 믿고 예수님의 사랑을 알게 된 우리들도 동일한 마음을 가져야 한다. 아직 주님을 알지 못하는 영혼들을 사랑하는 마음으로 불쌍히 여겨야 한다. 그런 마음이 없이 의무적으로 복음을 전할 때 아무런 역사도 일어나지 않는다.

같은 복음이라 하더라도 사랑의 마음이 담겨 있느냐 아니

냐에 따라 받아들이는 사람이 느끼는 감동은 180도 다르다. 사랑이 없는 복음은 논쟁만 유발할 뿐 열매를 맺지는 못한다. 눈물을 흘리며 씨를 뿌려야 한다는 성경 말씀대로 사랑과 헌신을 통할 때에만 기쁨의 열매를 맺을 수 있다.

## 6. 전도 대상자를 위해 열심히 기도해야 한다.

> "너희의 허물과 죄로 죽었던 너희를 살리셨도다 그 때에 너희가 그 가운데서 행하여 이 세상 풍속을 좇고 공중의 권세 잡은 자를 따랐으니 곧 지금 불순종의 아들들 가운데서 역사하는 영이라" - 에베소서 2장 1,2절

이성적으로 완전히 이해됐다고 반드시 믿게 되지는 않는다. 신앙은 지성과 감성을 뛰어넘는 영적인 영역의 일이기 때문이다. 신앙이 이성과 지성으로 되는 일이라면 똑똑한 사람들만 구원을 받고, 배우지 못한 사람들이나 선천적으로 머리가 좋지 않은 사람들은 구원받을 수 없을 것이다. 하지만 현실은 그렇지 않다. 예수님 시대에도 가장 먼저 그리스도를 알아본 것은 못 배우고 가난한 사람들이었으며, 지금 시대에도 오히려 학식이 깊지 않은 분들이 경건하고 신실한 신앙인인 경우가 많다. 때로는 지식과 이성이 하나님을 믿는데 방해가 되도록 마귀가 일하기 때문이다.

이런 방해가 끼어들지 않도록 우리는 영적인 일을 위해 전도 대상자를 위한 기도를 쉬지 말아야 한다.

> "시몬아, 시몬아, 보라 사단이 밀 까부르듯 하려고 너희를 청구하였으나 그러나 내가 너를 위하여 네 믿음이 떨어지지 않기를 기도하였노니 너는 돌이킨 후에 네 형제를 굳게 하라" – 누가복음 22장 31,32절

## 7. 복음을 부끄러워하지 말아야 한다.

> "내가 복음을 부끄러워하지 아니하노니 이 복음은 모든 믿는 자에게 구원을 주시는 하나님의 능력이 됨이라 첫째는 유대인에게요 또한 헬라인에게로다" – 로마서 1장 16절

복음은 인간을 구원할 유일한 하나님의 방법이다. 사도 바울은 이처럼 귀한 복음을 위해 온갖 고난을 당했기 때문에 자신의 처지는 물론 복음이 부끄럽지 않다고 증거했다. 오늘날 우리들의 모습은 어떠한가? 사도 바울이 복음을 전하던 시대와 지금의 기독교는 위상이 완전히 달라졌다. 더 이상 지하 동굴에 숨어 예배할 필요도 없고, 예배를 드리다 처형할 걱정을 하지 않아도 된다. 그럼에도 많은 그리스도인들이 자신들이 주님을 믿는다고 고백하면서도 복음을 부끄러워

한다. 설령 온 나라에 복음을 아는 사람이 나 혼자뿐이라 하더라도 우리는 담대히 어디서나 복음을 전해야 한다. 우리가 받은 구원은 인류를 구원할 유일한 소망이자 영원한 생명을 받게 해주는 하나님의 선물이다. 복음의 소중함을 깨달은 사람은 결코 복음을 부끄러워하지 않는다.

## 8. 지혜로워야 한다.

"의인의 열매는 생명나무라 지혜로운 자는 사람을 얻느니라" - 잠언 11장 30절

세상에는 정말 다양한 종류의 사람들이 있다. 복음을 가려 전할 수는 없기 때문에 주님의 말씀을 따라 열심히 전하다 보면 예측할 수 없는 상황들이 발생하게 된다. 이런 상황에 대처하며 복음을 전하기 위해서는 주님이 주시는 지혜가 필요하다. 복음을 전할 때는 내가 아닌 주님을 의지해야 한다. 예수님도 제자들을 파송하시면서 제자들이 비둘기처럼 순결하고 뱀처럼 지혜롭기를 기도하셨다. 눈앞에 어떤 일이 일어나도 당황하지 말고 주님께 기도하는 마음으로 지혜를 구하자.

## 9. 복음으로 논쟁하지 말아야 한다.

"너는 저희로 이 일을 기억하게 하여 말다툼을 하지 말라고 하나님 앞에서 엄히 명하라 이는 유익이 하나도 없고 도리어 듣는 자들을 망하게 함이니라" – 디모데후서 2장 14절

인간은 누구나 감정이 있다. 복음을 전하다 보면 전하는 사람, 혹은 듣는 사람의 감정이 격해지며 논쟁으로 번질 때가 많다. 그럼에도 성경은 어떤 경우에도 논쟁을 하지 말라고 권면한다. 우리의 목적은 예수님의 사랑을 전하고, 복음을 전하는 것인데 논쟁은 아무런 도움이 되지 않고 오히려 큰 방해가 되기 때문이다. 때로는 복음을 믿어야겠다고 마음속으로 어느 정도 결단을 내린 사람들도 작은 감정의 문제로 다툼이 일어나 평생 마음의 문을 닫고 사는 경우도 있다.

이런 경우를 방지하기 위해서라도 설령 복음이 전해지지 않을지라도 논쟁이 일어날 것 같으면 자세를 낮추고 다음 기회를 기다리는 것이 보다 현명한 대처 방법이다.

## 10. 사랑과 인내로 항상 예의를 갖춰야 한다.

"너희에게 인내가 필요함은 너희가 하나님의 뜻을 행한 후에 약속을 받기 위함이라" – 히브리서 10장 36절

하나님이 주신 속성은 용서와 사랑인데도 가끔 우리는 복음을 마치 싸우듯이 전하는 사람들을 보게 된다. 이런저런 이유로 다른 사람들에게 불쾌감을 줄 정도로 좋지 않은 방법을 통해 전하는 사람들도 있다. 한시라도 바삐 많은 사람에게 복음을 전하려는 마음, 한 명이라도 더 믿게 하려는 절박한 마음은 동감하지만 그럼에도 복음을 전하는 자세와 태도, 복장은 예의 바르고 깔끔하게 신경을 써야 한다. 주의 탄생을 전하러 나타난 천사들처럼 온화하고 정중한 태도가 복음을 전하는 일에는 더 적합한 모습이다.

우리가 전도하는 이유는 영혼을 사랑하는 마음이 있기 때문이다. 사랑과 용서의 마음으로 다가갈 때 어떤 경우에도 싸움이 일어날 수 없다. 때때로 마음이 답답할 때도 있겠지만 주님도 역시 내가 돌아올 때까지 오랜 시간을 아무런 질책 없이 인내함으로 기다려주셨다. 동일한 사랑과 인내의 마음으로 우리가 복음을 전할 때 하나님은 우리의 작은 손과 열심을 통해 복음의 아름다운 열매를 풍성히 맺히도록 역사하실 것이다.

## 결론

복음은 전하는 내용도 중요하지만 행동과 자세와 같은 담는 그릇도 중요하다. 대부분의 세상 사람들은 복음의 내용 자체보다는 전하는 사람의 행실과 자세를 통해 복음에 관심을 갖고 귀를 기울인다. 복음의 전달자에 어울리는 사람이 되기 위해서는 먼저 분명히 거듭나야 하며 이는 구원의 확신이 있을 때에만 가능한 일이다.

끊임없이 주님과 교제를 나누며 애타는 마음을 가지고 예의 바르게 복음을 들고 찾아갈 때 세상 사람들은 조금 더 열린 마음으로 복음에 귀를 기울인다. 하나님이 나에게 하셨듯이 참고 인내하며 눈물로 복음을 증거할 때 하나님은 반드시 우리를 통해 하나님의 나라를 더 확장시키실 것이다.

# 3

# 증거에 대한
# 성경공부

# 1. 예수 그리스도를 구주로 고백하는 생활

우리는 크게 세 가지 방법으로 복음을 증거할 수 있다.

첫째, 일상에서 삶으로 그리스도인임을 드러내는 방법.

둘째, 믿지 않는 사람을 찾아가 직접 복음을 전하는 방법.

셋째, 자연스러운 대화 중에 간증으로 복음을 전하는 방법.

삶의 모습과 형태가 어떠하든 그리스도인의 생활의 초점은 예수 그리스도를 전하는 것에 맞춰져 있어야 한다. 모든 그리스도인들은 자신의 삶 가운데 예수가 그리스도임을 고백하고 있는 것이나 마찬 가지다. 어떤 방식으로든 예수님을 전하지 않으면 복음도 전할 수 가 없다.

## 1. 예수 그리스도를 구주로 고백하는 것의 중요성

사도 바울은 우리가 주님을 구주로 고백하는 일이 왜 중요 하다고 했는가?(롬 10:9)

만약 우리가 주님을 부인하면 주님은 하나님 앞에서 우리 에 대해 뭐라고 말씀하시겠다고 하셨는가?(마 10:32,33)

진정으로 구원받은 그리스도인이라면 입술로 주님이 나의 구주라고 고백하는 일을 부끄러워하지 않을 것이다. 삶에도 자연스레 믿음의 향기가 전해질 것이다.

예수 그리스도를 구주로 담대히 고백하는 일은 이 모든 변화의 시작이기 때문에 매우 중요하다. 우리가 주님을 고백하지 못하고 사람들의 시선이나, 사회적 편견이 두려워 부인하면 훗날 주님께서도 하나님 앞에서 우리를 부인하실 것이라고 성경에는 나와 있다. 주님은 나를 위해 십자가 고난이라는 수치도 기꺼이 감내하셨다.

우리는 복음을 부끄럽다고 느낀 적이 있는가?

어떤 사람들, 혹은 어떤 장소에서 주로 예수님을 구세주와 주님으로 고백하기가 어렵고 감추게 되는가?

다니엘의 세 친구들은 어떤 환경에서도 담대하게 믿음을 나타냈는가?(단 3:13-18)

그들의 신앙에 하나님은 어떻게 응답하셨는가?(단 3:24-27)

우리가 주님을 우리의 구세주로 고백하고 인정할 때 주님도 우리를 자녀로 인정해주시며 우리와 함께 동행해 주신다.

## 2. 예수 그리스도를 나타내는 방법

그리스도인은 내 삶을 통해 세상에 예수님을 나타내야 한다. 어떤 방법들이 있다고 생각하는가?

주님을 구주로 시인한다는 고백을 삶에서 나타내는 여러 가지 방법이 있다. 그중에서 가장 보편적인 방법이 무엇일지 생각해 보자. 다음의 내용을 참고함으로 삶 가운데 예수님의 사랑을 드러내자.

### (1) 정상적인 신앙생활을 통해

구원받은 사람들이 모인 곳이 교회이지만 그중에는 아직 확신을 갖지 못하는 연약한 형제자매들도 있다. 교회의 여러 모임과 그룹을 통해 함께 교제함으로 우리는 이들에게 간접적으로 주님을 고백할 수 있다.

우리는 교회의 어떤 모임에 참석하고 있는가?

교회의 모임에 참석하고 있지 않다면 그 이유는 무엇 때문인가?

교회에서의 신앙생활을 통해서 우리는 다른 사람에게 복음을 전할 수 있다. 어찌 보면 가장 쉬운 단계임에도 많은 사람들이 타성에 젖어 교회 내에서의 증거를 소홀히 여긴다.

교회의 여러 모임에서도 예수님이 나의 구세주이심을 분명히 드러내자.

### (2) 나의 간증을 통해

가족이나 친구, 가까운 직장 동료들이 아직 주님을 믿지 않는다면 우리는 간증을 통해 복음을 전할 수 있다. 주님을 믿게 된 동기나, 믿고 난 후 일어난 변화들을 진솔하게 고백할 때 우리의 삶을 통해 복음은 흘러들어간다.

우리는 그리스도인이 된 이후 간증으로 복음을 전한 적이 있는가? 그 대상은 누구였는가?

간증을 하고 난 후 어떤 느낌이었는가?

만약 아직 간증의 경험이 없다면 그 이유는 무엇인가?

주님께서 당신에게 지금 당장 간증하라고 명령하신다면 당신은 바로 누구를 찾아가겠는가? 그 이유는 무엇인가?

우리는 우리의 신앙을 간증함으로 주님을 고백할 수 있다. 한 사람의 회심은 겉으로는 아무리 평범해 보이더라도 온 세상이 뒤바뀔 정도의 놀라운 변혁이다. 당당하게 내 삶에 찾아오신 주님을 다른 사람들에게 진솔히 전달하자.

### (3) 평범한 삶과 대화를 통해

주일에 성경책을 들고 교회에 간다고 해서 주님을 전하는 삶이 저절로 살아지지는 않는다. 그리스도인은 교회 밖 세상에서 빛과 소금의 역할을 감당해야 한다. 평범한 일상에서도 이런저런 사실들을 드러내어 모든 사람들이 내가 그리스도인임을 알게 해야 한다. 어떤 사람은 자신이 속한 집단에서 그리스도인인 것을 아무도 모른다고 자랑스럽게 이야기하는 사람도 있는데 이는 결코 자랑할 내용이 아니다.

예수님을 믿는 사람은 몸에 분명한 복음의 흔적을 지니고 있어야 한다. 예수님이 잡혀가실 때 군중들 틈에 섞여 세상으로 도망간 사람처럼 세상 속에 섞여 들어가지 말고 내 마음에 분명히 자리 잡은 주님의 향기를 어디서나 당당히 드러내라. 쉬는 시간 말씀을 보거나 식사 전에 당당히 기도하는 모습들도 아주 훌륭한 방법이다. 신앙을 표현할 수 있는 다양한 방법들을 적극적으로 찾아내고 실천하자.

우리의 주변 사람들은 우리가 그리스도인임을 알고 있는가? 모르고 있다면 그 이유는 무엇인가?

우리는 일상에서 어떤 방식으로 그리스도인임을 드러내고 있는가? 얼마나 자주 성경을 읽거나 찬양, 혹은 기도하는 모습을 드러내는가?

## (4) 불의를 멀리하는 행동을 통해

믿음을 가장 강력하게 드러내는 방법은 불의를 거절하는 것이다. 세상의 법과 정의를 넘어서 말씀의 법을 지키며 사는 모습을 보여줄 때 세상 사람들은 강력하게 하나님의 살아 계심을 체험하게 된다. 다니엘과 에스더, 요셉과 같은 인물들은 목숨이 걸려 있는 상황에서도 하나님을 부인하지 않았고 그로 인해 한 나라를 변화시키며 수많은 사람들에게 복음을 전했다. 나에게 아무리 큰 이득이 되더라도 말씀을 근거로 불의를 거절하는 행동에는 이토록 큰 힘이 있다.

다니엘은 믿음을 위해 어떤 결단을 내렸는가?(단 1:8)

요셉은 그의 신앙을 지키려고 어떤 일을 거절했는가?
(창 39:7-18)

주님 때문에 불의를 거절한 일이 있다면 함께 나누어보자.

주님을 구주로 고백하며 살기 위해서는 때때로 고난과 희생을 당해야 하며, 굳이 당할 필요 없는 억울한 일을 당해야 할 때도 있다. 그럼에도 이런 일들을 통해 복음이 전파되고 세상에 주님의 살아계심을 드러낸다면 우리는 오히려 영광으로 알며 기쁘게 감내해야 한다.

## 3. 예수님을 향한 믿음을 고백해야 하는 대상

주님은 우리가 어떤 사람들 앞에서 주님을 시인해야 한다고 말씀하셨는가?(마 10:32,33)

주님은 우리가 어디의 빛과 소금이라고 말씀하셨는가?
(마 5:13-15)

우리는 세상의 모든 사람들 앞에서 우리가 그리스도인임을 드러내고 예수님이 세상을 구원할 구세주이심을 증거해야 한다. 가족을 비롯해 친구나 친척, 혹은 직장 동료와 만나는 모든 사람에게 예수가 그리스도이심을 고백하며 복음을 전해야 한다.

## 4. 증거에 방해가 되는 요소

성도들이 전도를 어려워하는 이유는 저마다 마음의 걸림돌이 있기 때문이다. 사람마다 저마다의 가시가 있어 복음을 전하기가 매우 어렵다고 느끼기 때문에 복음을 전해야 한다는 것을 알면서도 용기를 내지 못하고 때때로 자신이 그리스도인이라는 사실을 감추고 살아가기도 한다. 그러나 복음에는 모든 장애물을 극복하고 회복시킬 위력이 있다. 주님이 주시는 능력으로 우리는 모든 전도에 방해가 되는 어려움들을 극복해 나가야 한다. 전도에 방해가 되는 어려움은 크게 네 가지가 있다.

### (1) 사람에 대한 두려움

내성적인 성격이나 과거에 인간관계로 입은 상처로 사람 자체를 두려워하는 사람이 있다. 사람을 두려워하는 사람은 결코 주님을 고백할 수 없다. 나를 향한 하나님의 놀라운 사랑을 통해 우리는 이 두려움을 극복할 수 있다.

초대 교회 그리스도인들은 어떤 자세로 주님을 섬겼는가?
● 사도행전 4장 19절
● 사도행전 5장 29절

주님은 우리에게 어떤 마음을 주시겠다고 말씀하셨는가?(딤후 1:7)

이사야 41장 10절을 묵상한 뒤, 느낀 점과 마음에 든 결심을 함께 나누자.

### (2) 부끄러움

선천적으로 부끄러움을 잘 타는 성격 때문에 주님을 고백하는 일이 어려운 사람들이 있다.

사도 바울은 이런 사람들에게 어떤 권면을 했는가?(딤후 1:8)

주님은 모든 그리스도인들에게 어떤 약속을 주셨는가?
(롬 9:33)

우리가 주님을 부끄러워하면 주님도 우리를 부끄러워하신다는 사실을 반드시 기억해야 한다.

## (3) 희생

그리스도인으로 살아가는 것은 어찌 보면 희생하는 삶이라고도 볼 수 있다. 말씀을 지키며 살다 보면 다른 사람들 눈에 유독 유별나게 보일 수 있다. 이는 승진이나 금전적인 불이익, 집단에서의 소외 같은 희생으로 이어진다. 이런 희생이 싫어서 교회를 다니면서도 직장에서는 자신이 그리스도인임을 철저히 숨기는 사람들도 있다. 나를 구원하기 위해서 모든 것을 희생하는 주님을 억지로 외면하기 때문에 이런 안타까운 일들이 일어난다.

주님은 우리를 구원하기 위해 어떤 희생을 당하셨는가?
● 베드로전서 3장 18절
● 이사야 53장 4-6절

주님이 말씀하신 복 있는 사람은 어떤 사람인가?(행 20:35)

희생은 기독교의 대표적인 특성 중 하나다. 희생을 싫어하고 탐심에 정신을 빼앗긴 사람은 예수님을 영접할 수 없으며 결코 구원받을 수 없다.

## (4) 거룩하지 못한 삶

누가 봐도 세상 사람처럼, 혹은 더 악한 삶을 살고 있다면 이런 삶은 자신이 그리스도인임을 나타낼 수도 없고, 복음을 전할 수도 없다. 하나님은 거룩하지 않은 사람을 결코 사용하지 않으신다.

주님이 사용하시는 사람은 어떤 사람인가?(딤후 2:20,21)

우리가 그리스도인임을 세상에서 당당하게 드러내는 일을 어렵게 만드는 습관이나 행동은 무엇인가?
왜 그 습관을 버리지 못하는가?

앞으로 그 습관을 어떻게 하겠는가?
어떤 도움이 필요하겠는가?

거룩한 삶을 사는 사람은 주님이 주시는 평안과 기쁨이 가득한 삶을 살아간다. 정결한 사람은 매일 주님과 교제하는 기쁨을 누리며 세상에서도 아무 거리낌이 없이 그리스도인임을 드러낼 수 있다.

## 5. 예수님을 구주로 고백할 때 생기는 유익

그리스도인이 어디서든 주님을 드러내는 것은 당연히 해야 하는 일이다. 그러나 그럼에도 우리가 이런 일을 감당할 때 주님은 많은 유익을 주신다.

### (1) 믿음이 더욱 공고해진다.

주님을 구주로 고백하며 드러내는 것은 처음에는 누구에게나 부끄러운 일이다. 그럼에도 당당히 하루하루 주님을 고백하는 삶을 살아나갈 때 주님은 우리의 믿음과 신앙을 반석 위에 세우신다. 처음엔 좀 힘들었지만 주님을 구주로 계속해서 고백해본 적이 있는가? 그 일을 통해 어떤 경험을 했는지 함께 나누어보자.

### (2) 다른 사람에게 본이 된다.

사람들이 간증을 꺼리는 대부분의 이유는 자신에게 일어난 복음의 사건이 대단찮은 것이라 생각하기 때문이다. 그러나 복음이 믿어졌다는 것만큼 기적적인 순간은 세상에 존재하지 않는다. 내가 생각하기에는 너무나 작고 부끄러운 간증이라도 그 간증을 통해 어떤 사람들은 신앙의 큰 도전을 받을 수 있고, 어떤 사람들은 주님을 영접할 수도 있다.

우리는 다른 사람의 간증을 들을 때 대체로 어떤 감정을 느끼는가?

지금까지 들었던 간증 중 가장 기억에 남는 내용은 무엇인가?

우리가 당당히 주님을 고백하면 그 사실만으로 주님이 영광을 받으시며 복음이 널리 전파된다.

# 적용

1. 예수 그리스도를 구세주로 공개하는 생활은 자기 신앙을 다른 사람에게 이야기하는 것과 마찬가지다. 주님은 우리가 주님을 인정하고 사람들 앞에서 전할 때 주님도 우리를 인정해 주시지만 우리가 주님을 부인하면 주님도 하나님 앞에서 우리를 부인하신다고 말씀하셨다. 교회에서, 삶에서 언제나 주님을 그리스도로 고백하는 일은 신앙생활에서 매우 중요하다.
우리는 주님을 구주로 증거하며 믿음을 세상에 드러내며 생활하는가?

2. 우리가 예수 그리스도를 향한 믿음을 드러내는 방법에는 여러 가지가 있다. 교회 내의 모임에 적극적으로 참석하며 교제를 나눌 수도 있고, 다른 사람 앞에서 간증을 할 수도 있다. 매일 성경을 묵상하

며 기도를 통해 하나님과 교제를 나누는 모습을 보이며 그리스도인이 해서는 안 되는 일들을 단칼에 거절하며 세상에 주님을 향한 믿음을 드러낼 수 있다.

당신은 어떤 방법을 통해 주님을 향한 믿음을 고백하며 살아가고 있는가?

3. 우리가 예수 그리스도를 구주로 고백하며 전도해야 하는 대상은 아직 복음을 믿지 않는 세상의 모든 사람들이다. 가족이나 친구를 비롯해, 직장 동료나 인간관계 내에 만나는 모든 사람에게 우리는 복음을 전하며 믿음을 드러내야 한다.

우리가 믿음을 드러내기에 가장 꺼려 하는 대상과 장소는 어디인가? 그 이유는 무엇 때문인가?

4. 사람을 두려워하거나 부끄러워하는 것, 희생을 싫어하거나 거룩하지 못한 생활은 그리스도인으로서의 삶에 큰 방해가 된다. 우리에게 가장 큰 방해가 되는 요소는 무엇인가?

5. 주님을 구주로 고백하며 그리스도인임을 어디서나 드러내면 자신의 믿음이 더욱 강해지며 다른 사람에게도 신앙의 도전을 줄 수 있다. 당당히 그리스도인임을 고백하며 믿음을 드러낸 적이 있다면 어떤 유익이 있었는지 함께 나누자.

# 2. 예수 그리스도를 증거하는 생활

내가 그리스도인임을 드러내며 사람들 앞에 주님을 전하는 것은 간접적인 방식의 전도다. 주님을 전하는 가장 큰 이유는 믿지 않는 사람들을 회심시키기 위해서다. 이 목적을 가지고 우리는 예수 그리스도를 세상에 증거해야 한다.

## 1. 증거의 의미

우리는 '증거'가 무엇이라고 생각하는가?

증거란 자신이 직접 보고, 듣고, 느낀 것을 다른 사람에게 전하는 것이다.

사도 요한은 자신이 전하는 생명의 말씀에 어떤 특징이 있다고 말했는가?(요일 1:1-3)

초대 교회 성도들은 어떤 일을 참기 힘들어했는가?(행 4:20)

주님을 증거하고 복음을 전하기 위해선 먼저 주님을 만나야 한다. 주님을 만난 체험이 없는 사람은 당연히 주님을 증거할 수 없다.


## 2. 증거의 내용

우리는 보통 어떤 내용으로 주님을 증거하는가?

어떤 사람은 복음을 전하러 가서도 중요한 이야기는 빼놓고 중언부언하다 돌아온다. 그리스도인이 주님을 증거할 때에 가장 신경 써야 하는 것은 자신이 경험하고 체험한 예수 그리스도다. 이 내용이 빠지고서는 결코 주님을 증거할 수 없다.

사도 바울은 자신의 체험을 어떻게 요약해 주님을 증거했는가?(고전 15:1-3)

고린도전서 15장 3절을 묵상해보라. 복음의 세 가지 핵심은 무엇인가?
- ● 첫째,

- ● 둘째,

- ● 셋째,

어떤 방법을 활용하든지 복음을 전할 때에는 내용의 중심이 반드시 예수 그리스도여야 한다. 주님을 믿으면 언제든, 누구든 구원을 얻지만 끝까지 거절할 때에는 영원한 멸망이라는 형벌을 받게 된다는 사실도 반드시 덧붙여야 한다.

## 3. 증거해야 하는 이유

그리스도인은 당연히 주님을 증거하는 삶을 살아야 한다. 성경은 이 이유에 대해 다음과 같이 말하고 있다.

### (1) 복음은 모두가 들어야 할 기쁘고 복된 소식이기 때문에

천사는 예수 그리스도의 탄생을 어떻게 전했는가?

(눅 2:10,11)


사도 바울은 복음의 기쁜 소식을 어떻게 전했는가?

(딤전 1:15)


복음은 당신에게 어느 정도로 기쁜 소식인가?


복음의 내용이 말 그대로 유일한 구원의 방법이자 기쁨이라면 마땅히 이 소식을 서둘러 다른 사람에게 전해야 한다.

## (2) 하나님은 모든 사람이 구원받기를 원하시기 때문에

다음 성경 구절을 묵상하며 복음을 듣고 구원받아야 할 대상인 누구인지 살펴보자.

● 요한복음 3장 16절

● 디모데전서 2장 4절

● 고린도후서 5장 17절

● 베드로후서 3장 9절

하나님은 이 세상의 모든 사람이 구원받기를 원하신다. 지금도 많은 사람이 하나님을 모르고 지옥을 향해 가고 있기에 우리는 하나님의 안타까운 마음을 느끼며 되도록 힘이 닿는 대로 주님을 증거하는 일에 힘써야 한다.

## (3) 한 영혼이 천하보다 귀하기 때문에

주님은 한 영혼의 가치가 어느 정도라고 말씀하셨는가?
(막 8:36,37)

누가복음 15장에 나와 있는 세 가지 비유는 무엇인가?
● 3-7절

● 8-10절

● 11-32절

세 가지 비유의 공통점은 무엇인가?

4절과 8절은 어떤 단어가 강조되고 있는가?

주님은 많은 양 중 단 한 마리 양을 잃어도 그 양을 찾기 위해 온갖 수고를 마다하지 않으신다. 주님의 말씀대로 한 영혼에는 천하보다 귀한 가치가 있기 때문에 우리는 세상에서 가장 가치 있는 일인 전도를 위해 노력해야 한다.

### (4) 믿지 않는 사람은 지옥에 가기 때문에

믿지 않는 사람은 어떤 벌을 받게 되는지 다음 구절을 찾아보자.

● 요한계시록 21장 8절

● 데살로니가후서 1장 8,9절

● 누가복음 16장 19-31절

주님을 믿지 않는 사람은 세상에서 어떤 삶을 살았던지 지옥의 심판을 피할 수 없다. 한 명이라도 더 많은 영혼을 구하기 위해 우리는 때를 구분하지 말고 열심히 주님을 증거해야 한다.

주변 인간관계를 돌이켜보며 지금 당장 복음을 전해야 할 사람이 누구인지 생각해 보자.

● 가족 중에서

● 친척 중에서

● 친구 중에서

● 선배나 후배 중에서

● 기타

그리스도인이 아닌 사람도 지금 당장은 우리 눈앞에 별 탈 없이 존재하기 때문에 우리는 지옥에 대한 생각을 너무 잊고 살아가고 있다. 하나님을 믿지 않는 모든 사람은 지옥을 피할 수 없기 때문에 소중한 사람일수록 하루라도 더 빨리 복음을 전해야 한다는 사실을 기억하자.

## (5) 주님의 명령이기 때문에

주님은 우리에게 어떤 명령을 하셨는가?

● 마태복음 28장 19,20절

● 마가복음 16장 15절

● 누가복음 24장 47절

● 요한복음 20장 21절

● 요한복음 1장 8절

우리는 "어떤 것을 하지 말라"라는 주님의 말씀은 명령으로 받아 열심히 지키지만 "어떤 것을 하라"라는 말씀은 "하면 좋고, 아니면 말고"라는 생각으로 받아들인다. 하지 말라는 것처럼 하라는 것도 주님이 명하신 분명한 명령이다. 그리스도인은 주님의 모든 명령에 순종해야 한다. 주님의 말씀을 지키며 살아가는 사람이 바로 그리스도인이다.

사도 바울은 전도에 대해 어떻게 권면했는가?(딤후 4:2)

## (6) 증거하지 않으면 화가 나에게 미치기 때문에

에스겔 3장 17-21절을 읽어 보자.

● 어떤 경우에 생명이 보존되는가?

● 하나님이 어떤 상황에서 우리에게 핏값을 물으시는가?

● 마음속에 전도하라는 분명한 감동을 성령님이 주셨음에도 억누르고 지나친 경우는 없었는가?

사도 바울은 자신이 무엇 때문에 그토록 열심히 복음을 전한다고 말했는가?(고전 9:16)

## 4. 증거의 방법

우리는 다양한 방법으로 예수 그리스도를 증거할 수 있다. 그중의 참고할 몇 가지 방법을 추리면 다음과 같다.

### (1) 간증

예수 그리스도를 증거하는 가장 효과적이고 접근성이 좋은 방법은 간증이다. 요한복음 9장에는 날 때부터 소경인 사람이 나온다. 주님의 도우심으로 눈을 뜨게 된 이 소경은 사람들에게 예수님에 대한 질문을 받자 조금의 망설임도 없이 자신이 경험한 바를 전했다. 큰 논란 속에서도 이 소경은 주님을 어떻게 전했는가?(요 9:25)

많은 사람들이 주님을 증거하기 위해서 신학적 지식이나 학문적 배경이 필요하다고 생각한다. 정말로 그런 조건이 필요했다면 우리 역시 구원받지 못했을 것이다. 백번 듣는 것보다 한 번 보는 것이 낫고, 백번 보는 것보다 한 번 행하는 것이 낫다는 말처럼 예수님이 나를 찾아와 주셨던 당시의 감동을 생생하게 전하는 것이 무엇보다 확실한 증거의 방법이다. 간증을 효과적으로 하기 위해서는 다음의 두 가지 질문에 먼저 답을 정확히 내릴 수 있어야 한다.

우리가 주님을 믿는 이유는 무엇인가?

주님을 믿고 난 뒤에 어떤 점이 달라졌는가?
구체적으로 생긴 유익은 무엇인가?

### (2) 전도지나 전도 책자

아직 신앙이 연약한 성도들은 복음을 어떻게, 무슨 말로 전해야 할지 명확히 정리가 되지 않았을 수도 있다. 또한 시간 관계상 긴 이야기를 나누기 힘들 때도 있는데 이럴 때 전도지와 전도 책자는 훌륭한 전도 방법이 된다.

우리에게는 전도를 위해 준비된 책자가 있는가?

전도지를 활용할 때 어떤 장점과 단점이 있을 것 같은가?

### (3) 교회 모임, 전도 축제 초청

개인적으로 주님을 증거하기가 아무래도 힘든 사람은 교회의 모임이나 전도 집회를 활용할 수 있다. 목사님의 설교나 여러 사람의 간증을 통해 대신 복음을 전달받고 주님을 영접하는 경우도 굉장히 많다.

우리가 교회로 인도한 사람 중 주님을 믿은 사람이 있는가? 어떤 사람이 어떻게 믿게 됐는지 함께 나누자.

안드레가 주님께 데려온 사람은 누구였는가?(요 1:35–43)

안드레는 베드로를 전도하고자 하는 열망은 있었으나 어쩔 줄 몰라 그저 주님께로 데려왔다. 안드레의 인도로 베드로는 주님의 제자가 되어 큰 사역을 감당했다. 이와 같이 우리가 마지못해 교회로 겨우 초청한 사람이라 하더라도 얼마든지 베드로처럼 주님께 크게 쓰임 받을 수도 있다. 모든 사람에게, 모든 방법으로 우리는 복음을 전하며 예수님을 증거해야 한다.


## 5. 증거의 보상

하나님은 우리의 작은 선행, 봉사 하나도 모두 기억하시고 좋은 것으로 보답해 주신다. 그러나 그중에서도 가장 큰 보답은 전도에 대한 보상이다. 하나님이 가장 기뻐하시는 일이 전도이기 때문이다.

잃어버린 영혼이 다시 주님의 품으로 돌아올 때 하나님은 어떻게 반응하시는가?(눅 15:7,10,22-24)

하나님이 다니엘에게 말씀해 주신 보답은 어떤 것들인가?(단 12:3)

# 적용

1. 자신이 직접 체험한 사실을 다른 사람에게 전하는 것이 증거다. 예수 그리스도를 직접 만난 경험이 없는 사람은 주님을 증거할 수 없다.
   우리는 언제, 어떻게, 어떤 방법으로 주님을 만났는가?

2. 우리가 직접 경험하고 체험한 예수 그리스도가 증거의 내용이 되어야 한다. 예수 그리스도의 십자가 사건과 부활은 결코 빠질 수 없는 복음의 핵심이다.
   우리는 주로 어떤 내용을 통해 주님을 증거하는가?

3. 그리스도인이 주님을 증거하는 것은 마땅히 해야 할 일이다. 우리가 섬기는 하나님이 내리신 명령이며 하나님이 가장 기뻐하시는 일이기 때문이다. 복음은 받은 사람에게는 구원의 기쁜 소식이지만 아직 모르는 사람에게는 심판의 두려운 소식도 되므로 우리는 만나는 모든 사람들에게 복음을 전달해야 한다.

우리는 어느 정도로 열심히 전도하고 있는가?


4. 증거의 방법은 다양하다. 개인의 체험을 간증으로 전할 수 있고, 전도지나 책자로도 전도가 가능하다. 그것도 어렵다면 교회의 모임이나 전도 축제 때 초청할 수도 있다.

우리가 가장 많이 활용하는 방법은 어떤 방법인가?


5. 하나님은 잃어버린 영혼이 돌아올 때 가장 기뻐하신다. 주님을 증거하는 사람은 하나님을 가장 기쁘시게 하는 사람이기 때문에 주님은 다른 어떤 선행보다 주님을 증거하는 사람에게 가장 큰 보상을 허락하신다. 또한 전도는 하나님뿐 아니라 전하는 스스로에게도 가장 큰 기쁨이자 보람이 된다. 한 영혼을 전도했을 때의 기쁨이 어떤지 함께 나누자.

# 3. 증거를 위한 준비와
증거자의 자질

그리스도인은 때를 얻든지 못 얻든지 항상 주님을 증거해야 한다. 전혀 준비가 되어 있지 않아도 주님을 증거해야 할 상황이 찾아온다면 즉시 순종해야 하지만 이런 상황을 대비해 미리 준비가 되어 있다면 더 효과적으로 전도할 수 있다.

우리는 그리스도인이 전도를 위해 어떤 준비를 해야 한다고 생각하는가?
다음의 준비가 된 사람은 어떤 상황에서도 복음을 전할 수 있다.

## 1. 증거를 위한 준비

### (1) 항상 성령 충만해야 한다.
주님과 깊은 관계를 맺고 있을 때 우리의 평범한 삶으로도 복음은 전파된다. 많은 그리스도인들이 주님을 온전히 증거하지 못하는 이유는 그들의 삶이 뒷받침되지 않기 때문이다.

요한복음 7장 37절에서 39절을 읽고 생수의 강이 우리 삶에 흘러넘치려면 어떤 단계를 거쳐야 하는지 찾아보자.

- ● 첫째,

- ● 둘째,

- ● 셋째,

- ● 넷째,

예수 그리스도와의 깊은 관계를 통해 우리의 삶에 생수가 흘러넘칠 때 우리는 자연스럽고 또 강력하게 주님을 증거할 수 있다.

사도행전 1장 8절을 묵상하라.
전도에 있어서 성령님의 역할은 무엇인가?

사도행전에 기록된 초대교회 성도들이 주님을 담대하게 증거할 수 있었던 이유는 성령이 항상 충만했기 때문이다.

우리 믿음의 선배라고도 할 수 있는 초대교회의 성도들은 얼마나 자주 성령 충만했는가?
- ● 사도행전 2장 1–4절

- ● 사도행전 4장 31절

● 사도행전 13장 52절

이런 이유로 사도 바울은 우리에게 어떤 권면을 했는가?
(엡 5:18)

## (2) 열심히 기도해야 한다.

골로새서 4장 2,3절을 읽어보자.
전도를 위해 우리는 어떤 기도생활을 해야 하는가?

바울은 골로새 교인들에게 어떤 기도를 부탁했는가?

전도를 위해 가장 필요한 것은 기도다. 복음을 듣는 사람의 '마음의 문'이 열리게 해달라고 끈질기게 기도해야 한다.
가장 최근에 당신의 기도로 '전도의 문'이 열린 때는 언제인가?

어떤 방식으로 상대방의 마음이 열렸는가?

아직 열리지 않은 대상자는 어떤 사람이며, 그 이유는 무엇 때문이라고 생각하는가?

## 2. 증거자의 자질

사람의 말은 전하는 사람이 누구인지에 따라 신뢰성이 달라진다. 전도는 전하는 내용뿐 아니라 전하는 사람의 성품과 자세도 매우 중요하다.

다음 성경 구절들을 찾아 복음을 전하는 사람은 어떤 삶을 살아야 하며, 어떤 방식으로 복음을 증거해야 하는지 살펴보자.

- 요한1서 5장 11-13절

- 요한복음 15장 5절

- 디모데전서 4장 12절

- 고린도전서 15장 1-4절

- 누가복음 15장 3-7절

- 베드로후서 3장 9절

- 마태복음 7장 1절

- 디모데후서 2장 14,23절

전도자의 삶을 살아가기 위해선 먼저 주님과 바른 관계가 형성되어 있어야 하며 인관 관계도 원만하게 유지해야 한다. 그리스도인은 예수님이 하셨듯 사람과 하나님의 관계에 다리를 놓는 사람이다. 막중한 책무가 우리 손에 달려 있음을 잊지 말고 어떤 경우에도 인내와 사랑을 잃지 말고 예의를 갖춰 복음을 전하자.

복음을 전하다가 당황 곤란한 일이나 특별한 경험이 있다면 그것들을 함께 나누자.

# 적용

1. 우리는 복음을 효과적으로 전하기 위해 성령 충만을 간구하며 열심히 기도해야 한다. 우리가 기도 중인 전도 대상자는 누구인가?
   우리는 그에게 복음을 전하기 위해 어떤 노력을 하고 있는가?

2. 주님을 올바로 증거하기 위해서는 항상 바른 관계를 유지해야 한다. 하나님과의 관계뿐 아니라 사람과의 관계도 원만하게 유지되고 있어야 막힘없이 복음을 전할 수 있다. 유순한 성품과 지혜로운 언행, 예의 바른 태도도 전도자가 갖춰야 할 중요한 자세이다.
   우리가 고쳐야 할 전도의 자세는 무엇인가?

# 4. 간증의 생활

예수님을 믿고 일어난 변화를 다른 사람에게 전하는 것이 간증이다. 간증을 통해 우리는 많은 은혜를 받을 수 있으며, 믿지 않는 사람에게도 효과적으로 복음을 전할 수 있다. 그리스도인들은 언제나 복음을 전할 수 있도록 간증을 준비해야 하며 또 시시때때로 전해야 한다.

## 1. 간증의 종류

간증에는 크게 네 가지 종류가 있다.

### (1) 구원 간증

예수 그리스도를 믿게 된 동기와 결과를 전하는 것이 구원 간증이다. 구원 간증은 일생에 단 한 번 일어나는 중요한 사건이다.

간략해서 서로의 구원 간증을 나누자.

### (2) 생활 간증

매일의 삶 속에서 주님이 순간순간 역사하시고 기도에 응답해주신 일들을 전하는 것이 생활 간증이다. 하루에도 몇 번씩 일어날 수 있고, 일생을 통해 수없이 일어나는 간증이다.

최근 일어난 일 중 기억나는 하나님의 응답이 있으면 함께 나누어보라.

### (3) 특수 간증
사람들이 일반적으로 경험할 수 없는 내용을 전하는 것이 특수 간증이다.

생애 가운데 특별히 간증할 사건이 있다거나, 들은 간증 중에서 그와 비슷한 내용이 있으면 함께 나누어보자.

### (4) 소명 간증
구원받은 이후에 우리의 삶을 하나님께 온전히 드리라는 극적인 부르심을 받은 순간이 소명 간증이다. 구원 간증과 마찬가지로 보통 일생에 많아야 한두 번 정도 일어날 수 있는 사건이다.

우리의 삶에 이와 비슷한 경험이 있다면 함께 나누어보자.

우리는 이와 같이 다양한 간증을 통해 직·간접적으로 주님을 증거할 수 있다.

## 2. 간증의 방법

간증은 문법처럼 내용과 형식이 정해져 있진 않다. 진실하고 겸손하기만 하다면 어떤 간증이든 주님을 증거할 수 있다. 간증의 목적은 나의 이야기와 자랑이 아닌 주님의 사랑과 능력을 전하는 것이기 때문이다.

사도행전 22장 1절부터 22절을 읽으면서 다음 질문에 답해보자.

사도 바울은 예수 그리스도를 믿기 전에 어떤 삶을 살았는가?(1–5절)

주님을 믿기 전 우리의 삶은 어떠했는가?

사도 바울은 어떻게 예수 그리스도를 만났는가?(6–9절)

우리는 어떻게 예수 그리스도를 만났는가?

사도 바울이 예수 그리스도를 영접하게 된 동기와 내용은 무엇인가?(10,11절)

우리가 예수 그리스도를 영접하던 당시 상황을 간단히 적어보자.

사도 바울은 예수님을 영접한 후 어떻게 변화되었는가?(12-16절)

우리는 주님을 만난 뒤 어떻게 변화되었는가?

사도 바울은 주님을 영접한 뒤 어떤 소명을 받았는가?
(17-21절)

그리스도인으로서 우리에게 주신 하나님의 소명은 무엇인가?

## 3. 간증할 때의 주의사항

우리가 생각하는 간증의 주의사항은 무엇인가?

간증은 결코 틀에 얽매여서는 안 된다. 다만 사람들이 많이 하는 실수 몇 가지만 주의하면 더 많은 사람에게 은혜를 끼칠 수 있으며 복음을 더 효과적으로 전할 수 있다.
- 너무 잘하려고 애를 쓰지 말아야 한다.
- 너무 많은 내용을 말하려고 하지 말아야 한다.
- 영적인 면을 과장하지 말아야 한다.
- 구원받은 날짜를 정확히 모른다고 염려하지 말아야

한다.

- 가능하면 짧고 간단하게 하라.
- 기독교 용어를 많이 사용하지 말아야 한다.
- 자기중심이 아닌 그리스도 중심으로 간증해야 한다.
- 의미 없는 잡담이나 농담을 피해야 한다.
- 듣는 사람에 따라 적절한 언어를 사용하도록 노력하라.
- 핵심 말씀 구절을 정해서 사용하면 더 큰 효과가 있다.

베드로는 우리에게 무엇을 권면했는가?

# 적용

1. 간증은 크게 네 가지 종류가 있다. 구원 간증과 생활 간증, 특수 간증과 소명 간증이다.

   이 중에서 우리가 할 수 있는 간증은 어떤 간증인가?

2. 간증에는 어떻게 해야 한다는 정해진 규칙이나 틀이 없다. 다만 진실하고 겸손하게 주님을 증거하면 된다.

   일반적인 구원의 간증을 할 때는 주님을 만나기 전의 상태와 주님을 영접했을 때의 일, 그리고 믿고 난 이후 받은 소명을 간략하게 전하면 된다.

3. 간증을 할 때는 조심해야 할 몇 가지 주의사항이 있다.
   이중 우리가 특히 조심해야 할 점은 무엇인가?

# 4

# 예화

**최**석봉 목사님은 일명 최권능 목사님이라고도 불렸는데 한국교회 노방 전도 사상 가장 유명한 분이다. 그는 일제의 탄압에서도 평양 시내의 이 거리 저 거리를 돌아다니며 능력 있게 전도하여 많은 사람이 주님을 믿게 하였다.

어느 날, 날이 채 밝기도 전에 어떤 골목길을 지나게 된 그는 연자맷간에서 사람들이 서성거리는 것을 보고는 그냥 지나칠 수가 없었다. 열린 들창문을 향하여 "예수 믿고 천당"이라고 소리를 쳤는데 의외의 소리에 말이 놀라 뛰며 연자맷돌을 뒤집어엎었다. 주인은 잔뜩 성이 나서 몽둥이를 들고 그를 찾아 나섰는데 최 목사는 벌써 어디로 갔는지 보이지 않았다.

연자맷간 주인은 그날부터 "예수 믿고 천당" 소리가 자꾸만 머리에 떠올라 견딜 수가 없었다. 나중에 교회를 찾아가 "예수 믿고 천당"의 뜻을 물어 알게 되고 예수를 믿게 되었을 뿐 아니라 간증까지 하게 되었다.

"예수 믿고 천당"의 전도는 간단한 전도였으나 능력이 있어 수많은 사람으로 예수를 믿게 하였다.

**1905년** 세계적으로 이름 높은 신학자 존 데니(J. Denny) 박사의 사무실에 19세의 홍안 소년이 나타나 다음과 같은 면접시험을 치렀다.

"캐나다에 가려는 목적은?"

"예수 그리스도의 복음을 전하기 위함입니다."

"복음 전도의 동기는?"

"내가 믿는 신앙을 전하고 싶어서입니다."

"왜 하필 캐나다입니까?"

"캐나다에서 전도자를 모집하기 때문입니다."

마치 마게도냐 사람의 환상을 본 바울처럼 이 19세의 소년은 "와서 도우라!"라는 캐나다 사람들의 요청에 귀를 기울였고 그 말씀이 곧 하나님의 명령인 것 같아 캐나다로 가기로 결심한 것이었다.

그의 이름이 바로 한국을 위해 70 평생을 일하다가 1956년 6월에 한국 땅을 떠난 윌리엄 스콧 선교사이다. 전도의 목적, 전도의 동기는 모두 예수 그리스도의 복음을 전함에 있다.

**믿**지 않는 남편과 사는 한 부인은 여러 해 동안 혼자서 예배당에 다녔다. 그의 남편은 아내가 예배당에 갈 때마다 뒤따라 갔다 오곤 했다. 부인은 열심히 남편의 구원을 위하여 기도했다.

어떤 주일 아침 "주 예수를 구원의 주로 받을 사람이 있는가?"라는 목사의 질문에 그의 남편은 앞자리에 나아가 무릎을 꿇었다. 그는 그의 마음을 주께 바치기로 한 것이다. 부인은 몹시 놀랐다. 집으로 돌아오자 남편은 아내에게 말했다.

"사랑하는 아내여! 나는 지금까지 오랫동안 당신을 살펴보았소. 그런 중에 당신 생활의 깨끗함과 맑고 아름다움에 놀랐소. 당신은 언제나 친절하였소. 그리고 내가 갖고 있지 못하는 어떤 것을 당신이 가지고 있다는 것을 발견했소. 오늘 아침 당신을 보낸 뒤 예배당의 찬송 소리에 끌려 예배당 뒷자리에 앉아 있었는데 그때 목사님이 물었던 것이오. 그때 나는 당신의 구주를 내 구주로 모시기로 작정하였다오."

그의 남편은 아내의 선한 행위와 기도로 말미암아 주를 구주로 모시게 된 것이었다.

**버**마의 선교사 저드슨은 6년간이나 그곳의 백성들을 위하여 전도하였다. 그러나 한 사람의 회심자도 얻지 못했다. 그럼에도 그는 낙심하지 않았다. "하나님께서 나를 여기에 보내심은 반드시 나로 하여금 큰일을 이루시기 위함에서이다"라는 신념 아래 계속 전도했다. 그리고 마침내 한 사람의 회심자를 얻게 되었다. 그 후 그 회심자와의 협력 전도로 수많은 회심자를 얻게 되었다. 그리하여 오늘 수만 명의 침례(세례) 교인이 있게 되었다.

**미**국의 어떤 목사님이 견식과 언변이 뛰어나 5~6년간 교회 일을 보던 중 많은 사람을 회개시켜 교인도 많이 불어나게 되었다. 그런데 이웃집 사람만은 회개치 않았다. 목사님은 "언젠가는 그 사람을 예배당에 들어오게 하고 감동할 설교를 하여 감화시키리라"라고 생각했다.

하루는 그 사람이 예배당으로 들어왔다. 목사님은 기뻐하며 그 사람을 상대로 열심히 설교한 후 "새로 믿기로 결심한 사람은 손을 드세요"라고 말했다. 예상대로 그 사람이 손을 들었다. 목사님은 너무도 기뻐서 예배를 마치자 곧 나아가 그의 손을 붙잡고 "어떤 동기로 결심하게 되었습니까?"라고 물었다. 그러자 그는 곁에 앉은 한 노인의 얼굴을 가리키며 "저 노인의 늘 기뻐하는 얼굴에 감동되어 예수를 믿고 싶은 마음이 생겼습니다"라고 대답했다.

성도의 기쁨에 찬 얼굴이 불신자에게 무언의 전도가 된 것이다.

**영**국의 선교사로서 아프리카 전도 및 탐험에 크게 헌신한 리빙스턴은 제2차 아프리카 여행 중 영국 정부로부터 귀환 명령을 받았다. 이로 인해 그의 모든 계획은 거의 수포로 돌아갈 때였다. "모든 것을 중지하고 귀환하라"라는 정부의 명령이 내려진 이유는 여러 가지 표면상의 것이 있었는데, 사실 가장 큰 이유는 포르투갈 정부로부터 "그가 노예 매매를 방해하였다"라는 것을 이유로 영국 정부에 항의가 들어왔기 때문이었다.

리빙스턴은 한때 마음이 낙담하기도 했으나 곧 용기를 내어 본국에 귀환하였다가 다시 돌아와 아프리카를 위해 일하기로 결심했다. 그 뜻을 리빙스턴은 대학 전도 단원의 한 사람으로 아프리카에 와있는 월러(Waller)에게 다음과 같이 이야기했다.

"나는 앞으로 혼자서 아프리카에서 활동하게 되었습니다. 하늘에는 모든 것을 통솔하여 주시는 이가 계십니다. 그분의 섭리가 만사를 좋도록 인도하여 주실 것입니다. 곤란이 따르지 않는 전도란 나에게는 그림자 없는 인간과 같다고 생각합니다."

그림자 없는 인간이 있을 수 없듯 전도에도 곤란이란 따르기 마련인 것으로, 리빙스턴은 이처럼 각오를 함으로써 제3차 여행까지 완수할 수가 있었다. 전도하려는 이는 곤란을 각오해야 한다.

**요**시다 씨는 일생을 주께 바치고 독신으로 지낸 신앙 인물이다. 그는 여름방학에 고량정(高梁町)이라는 곳에 가서 전도하였다. 그 동네의 가장 유력자인 도메오까라는 사람을 목표로 전도하기로 작정하고 매일 그를 찾아가서 안마를 해주며 틈틈이 신앙 이야기를 했다.

도메오까 씨는 예수교를 아주 반대하는 사람이었으므로 "안마하는 일은 고마우나 예수 이야기를 듣기 싫으니 다시는 오지 말라"라고 요시다 씨의 방문을 거절했다.

요시다 씨는 기도하던 끝에 한 방법을 생각해냈다. 자기 월급 7원 중에서 1원으로 엽서 100매를 사서 매일 엽서에 성경 구절을 적고 권면의 편지를 썼다. 도메오까 씨는 오히려 불쾌한 생각을 가지고 "다시는 편지 보내는 일을 하지 말라"라고 하였다. 요시다 씨는 크게 낙심하고 기도하며 생각하던 끝에 또 한 가지 방법을 발견하였다.

전국에 있는 유명한(명예와 지위가 있는) 신자들에게 청하여 도메오까 씨에게 좋은 성구를 써서 전도하는 편지를 해달라고 부탁했다. 도메오까 씨는 전국 각처의 저명한 인사들에게서 오는 편지를 매일 받고 마음이 크게 감격하였다.

"이렇게 참되고 지성을 다하는 사람을 그냥 돌려보낼 수는 없다. 요시다라는 사람은 예물을 받지 않을 것이요, 연회를 차려도 반가워하지 않을 것이요, 그가 기뻐하는 것은 전도를 받는 일이니 사람들을 모으고 그의 전도 강연을 듣자."

이같이 결심한 도메오까 씨는 자기 가족들과 동네 사람들을 모이게 하고 요시다 씨를 청하여 전도 강연을 들었다.

이때 야마무로 씨도 함께 강연하여 도메오까 씨와 그 가족 그리고 많은 사람들이 믿기로 작정하였다. 사람의 영혼을 구하는 데는 이 같은 열심과 성의가 필요하다.

**어**느 날 썬다싱은 길가에서 보리를 베는 두 농부에게 전도를 했다. 그들은 썬다싱이 출가인의 의복을 입은 것을 보고 존경하는 마음으로 손에 들었던 낫을 놓고 그의 말을 들었다. 말씀을 듣던 중 차츰 예수교를 전도하는 사람임을 알게 되자 그중 한 사람이 적개심에 차서 썬다싱에게 돌을 집어 던졌다. 돌에 머리를 맞은 썬다싱은 맞은 머리를 붙들고 한참 기도하였다. 그런데 이상하게도 돌을 던진 사람이 문득 머리가 아프다며 어쩔 줄을 몰라하며 고통스러워했다.

썬다싱이 그 사람의 머리를 붙잡고 기도하자 아픈 기운이 없어졌다. 썬다싱은 그 사람의 낫을 가지고 대신 보리를 베었다. 농부들은 크게 감격하여 저녁에 돌아갈 때 썬다싱을 그들의 동네에 데리고 가서 저녁을 대접하고 동네 사람들을 모아 놓고 그날 있었던 기이한 사실을 이야기하며 그의 전도를 들었다. 동네 사람들은 예수를 믿었다. 그런데 그해 농사가 배나 잘 되었다. 사람들은 성자의 거룩한 감화의 기적이라고 소문을 냈고 이 이야기는 신문에까지 났다.

**히**틀러 정권에 항거하다가 8년 동안 옥고를 치른 마르틴 미네르라는 목사님이 있다. 그가 옥고를 치른 후 『전쟁백서』를 발표했는데 그의 책 가운데 이런 간증이 나온다.

전쟁이 끝날 무렵의 어느 날, 미네르 목사가 일곱 번이나 같은 꿈을 꾸었다고 한다. 많은 사람들이 한 줄로 서서 하나님의 심판을 받는데 심판대 앞에 선 사람들은 한 사람도 뒤를 돌아보지 못하고 자신만 바라보고 자신의 죄를 하나님께 고백한다. 그리고 용서를 구하는 것이다.

이 목사님도 그 대열에 서 있는데 어떤 한 사람이 이상하게 죄를 고백하지도 않고 회개도 하지 않고 뒤를 돌아보면서 자꾸 변명을 하더라는 것이다. 그래서 그가 누군지 자세히 바라보니 그는 바로 히틀러였다는 것이다. 그때 하나님께서 미네르 목사에게 하신 말씀이 "히틀러가 이렇게 된 것이 바로 네 책임이다"라는 것이었다.

이 말을 들은 미네르 목사님은 소스라치게 놀랐다.

"네가 8년 동안 히틀러 정권에 대해 항거만 했지 한 번이라도 그에게 전도를 했느냐? 네가 히틀러에게 전도했더라면 그가 무서운 폭군이 되어 전쟁을 일으키지 않았을 것이 아니냐? 전쟁을 일으킨 죗값이 바로 네가 전도하지 않은 데 있다"라고 지적하더라는 것이다. 그래서 이 목사님은 가슴을 치고 통곡하면서 "이 전쟁의 책임이 바로 나에게 있다"라고 고백하며 회개의 눈물로 책을 썼다고 한다.

**바**울이 말하기를 "성도 한 사람에게 그리스도의 형상이 이루기까지는 해산의 수고가 필요하다"라고 언급한 바 있다. 오늘날에는 전도하기가 좀 쉽다고 하나 옛날 기독교가 처음 한국에 들어왔을 당시 전도자의 수고는 글자 그대로 해산의 수고였다고 한다.

이기풍 목사님께서 제주도 선교사로 파송 받아 전도를 시작했는데 제주도 사람들이 얼마나 강퍅했던지 좀처럼 복음을 받아들이지 않았다.

그래서 허탈감에 빠져 있는데 하루는 동네 아이가 물에 빠졌다는 소식을 듣고 급히 쫓아가서 물속에서 아이를 건져냈다, 또 뱀굴에 바친 아이를 구하기 위하여 생명을 내놓고 뱀과 싸워서 구원해주고 미친 사람을 고쳐 주는 기적을 행했다. 이런 모습을 본 동네 사람들이 하나씩 교회에 나오기 시작하여 교회를 세우고 제주도 선교에 승리했다고 한다.

전도란 해산의 수고보다 어렵다고 할 수 있다.

**고**재봉이라 하면 세상이 떠들썩했던 사형수로서 그가 예수 믿고 변화되었다는 의미로도 그 이름이 알려졌다. 그는 자기 부대의 대대장 일가족을 살해했다는 죄목으로 체포된 사형수였다. 그가 비록 살인자 흉악범이라고 할지라도 예수 믿고 구원받은 후에는 언제나 감사와 찬송이 넘쳤고, 사형되기 전까지 육군 교도소에서 최고 1천 8백 명에게 전도한 일이 있었고, 그가 말씀을 전하면 많은 죄인들이 회개하고 주님께 돌아왔다고 한다. 그는 죄수복을 입은 설교자요, 전도자로 마지막 세상을 떳떳하게 떠났다고 한다.

**"헤**일러 목사님은 영국에서 아무도 도와주는 이 없이, 아무런 선교의 배경도 없이 믿음 하나로 중국을 향해 떠났다. 그는 오직 하나님께 기도함으로 말미암아 복음을 전하기 시작했는데 점점 축복을 받아서 더 많은 선교사가 필요해졌으며 더 많은 돈이 필요해졌다.

그래서 그는 있는 힘을 다하여 선교사를 모집하고 돈으로 도와 달라는 편지를 여러 곳에 보내었으나 나중에는 한계점에 도달했다. 일터는 점점 많아지고 사람의 손은 모자라고 돈은 충분치 못했다. 나중에는 염려와 근심에 쌓인 나머지 신경 쇠약증에 걸릴 지경이었다. 잠을 잘 수가 없고 일어나도 앉아도 염려와 근심으로 말미암아 그 마음이 짓눌려 견딜 수가 없었다.

안절부절하며 서성거리던 헤일러 목사님은 그때 "나는 포도나무요 너희는 가지다"라는 요한복음 15장을 읽기 시작했다.

"예수께서 나의 포도나무가 되시고 나는 그의 가지가 되었다. 그러면 예수님을 내가 붙든 것이 아니다. 예수님이 능동적이고 나는 수동적이다. 그러면 주께서 나를 중국으로 보내셨으니 여기서 내가 열매 맺게 하는 모든 인원과 자원을 주님이 책임져 주셔야지 내 책임은 아니다. 주님께서 책임지겠다고 하지 않으셨던가? 내가 잘못 믿었구나. 내가 주님을 감사로 받아들이고 의지하면 괜찮을 것인데 불신앙과 초조로써 주님의 길을 막았구나"라고 그는 깨닫게 되었다.

헤일러 목사님은 즉시 꿇어앉아 하나님 앞에 불신앙을 통곡하고 회개하였다. 예수님은 신랑이요 자기는 아내이고, 예수님은 포도나무요 자기는 가지이며, 예수님은 머리요 자기는 몸인 관계를 깨닫고 그는 전폭적으로 주님께 의지하였다. 주님께서는 넘치는 인원과 자원을 보내 주셔서 선교 역사상 가장 위대한 중국 선교에 큰 성공을 거두었다.

『고목에서 샘물이 흐르고』라는 책을 보면 유명한 사형수 김종성 씨의 이야기가 나온다. 그는 13살 때 너무나 배가 고파서 시골 고향을 뛰쳐나왔다. 서울역 근처에서 소매치기에 붙잡혀 본의 아니게 소매치기 두목이 시키는 대로 남의 호주머니를 노리고 이리저리 돌아다녔다. 그러다가 잘못된 생활을 청산하고 다시 시골로 내려가 나무 장사를 하며 좋은 아내와 결혼도 했으나 가난은 여전히 그를 위협했다. 할 수 없이 농장 머슴으로 들어가 3개월 동안 죽도록 일했다.

그런데 주인이 1만 5천 원을 주고 내쫓자 그는 분한 마음에 술을 마시고 행패를 부리다가 잘못하여 주인을 살해한다. 그리하여 사형 언도를 받았지만 예수를 구주로 영접한 후 전도하고 싶은 마음이 불이 타서 견딜 수가 없었다. 그는 쇠고랑을 찬 채 성경을 열심히 펴들고 감방 안에 있는 죄수들에게 전도하여 11명이나 예수를 믿게 했다고 한다.

**김**종성씨가 감옥에서 전도한 사람 중에는 김윤기 사장이 있었다. 김윤기 사장은 김종성 씨의 전도로 예수를 믿게 되었다면서 그때 상황을 이렇게 간증했다.

"김종성 씨는 새로 들어온 나에게 새 번역 성경과 특수 선교용으로 만들어진 찬송가를 주었습니다. 사랑으로 접근하여 예수 그리스도를 소개했습니다. 그러나 처음에는 회피하고 받아들이기 꺼려 했으나 김 씨가 무거운 수갑을 찬 채 성경을 열심히 펴들고 말씀을 전하며 고통스러운 감방 생활(사형수가 언제 죽을지 모르는)임에도 불구하고 열심히 찬송을 부르며 전도하는 것은 기어이 나로 하여금 예수를 믿기로 작정하게 만들었습니다."

그리고 지난날의 잘못에 대해서도 고백하였다.

"제 아내는 OO교회 집사였지요. 저는 아내가 열심히 교회 생활하는 것이 못마땅하여 성경 찬송을 불태워 버리고 아내의 신앙생활을 방해했던 사람입니다. 그러나 아내는 아무 저항도 하지 않고 변함없이 교회에 출석했습니다. 그래서 저는 더 심한 방법으로 아내의 발길을 교회에서 끊으려고 생각했는데 뜻하지 않은 부도수표 사건으로 체포되었습니다. 처음에는 저도 이러한 고통을 당하는 것이 아내 때문인 것처럼 원망했습니다. 아내가 남편의 말을 듣지 않으니 제대로 일이 잘 될 리가 만무하다고 생각했습니다. 그러나 지금은 이곳에 보내준 하나님께 감사합니다. 제 아내가 생명을 걸고 교회에 나가는 이유를 이제야 알았습니다."

**한**국 땅에 하나님의 구원의 복음이 전해지기까지는 수많은 사람의 피가 거름이 되었다. 알려진 바에 의하면 서소문 밖에서 가톨릭 신자 300명이 순교를 당했다. 이로 인하여 한국 사람들은 새로운 종교인 기독교를 믿기를 꺼렸다.

이런 어려운 때 한국 영혼을 구원해야겠다는 원대한 꿈을 갖고 순교 정신으로 출발하신 분이 영국인 토마스 목사였다. 그는 23세 때(1863) 런던 선교회의 파송을 받아 중국 상해로 왔었다. 그는 이듬해에 사랑하는 아내를 잃는 아픔을 당했다. 그러나 주의 복음을 전하다가 몸 바치겠다는 그의 굳은 결심은 변치 않았다. 그는 산둥성에서 한국인 가톨릭 신자 몇 명을 만나게 되었다. 그들은 속옷에 십자가상을 지니고 다녔다. 박해가 심하기 때문에 몰래 신앙생활을 하고 있다는 것이었다. 그리고 그들로부터 한국 실정을 상세히 듣게 되었다. 그때부터 한국에 복음을 증거해야겠다는 사명을 갖게 되었다.

그는 1865년 9월 4일에 한국인들과 어선을 타고 황해도 해안 여러 섬 중 백령도에 머물러 2개월 동안 전도를 하였다.

그는 정식으로 국왕에게 선교 허가를 얻을 생각으로 육지로 오던 중에 두 번이나 파선을 당하여 할 수 없이 중국으로 돌아갔었다. 다음 해인 1866년 미국 상선 제너럴 셔어먼호를 타고서 한국에 다시 입국하게 되었다. 제너럴 셔어먼호는 천신만고 끝에 대동강을 거슬러 올라가 평양에 도착하여 평양 감사에게 대표를 보내어 교섭한 결과 평양 병영의 지휘관이 부하 세 명과 함께 선장과 회담하러 왔다. 그런데 회담이 원만히 진행되지 않아 셔어먼호와 관군 사이에 2주일간 싸움이 계속되었다.

싸우는 중에 배에서는 도저히 더 버틸 수가 없어서 평양 감사에게 사람을 보내어 화해를 청했다. 그러나 감사는 그 사람을 포박하고 진정으로 화해하기를 원한다면 배에 탄 사람은 모두 감영으로 오라고 하였다.

배에 탄 사람들은 이 감사의 말이 하나의 술책이라고 격분하여 총을 쏘기 시작하였다. 그때 관군들은 분노하여 배를 불살라 버리고 모든 사람을 죽였다. 이때 토마스 목사도 죽게 되었는데 그는 자기를 죽이려는 사람에게 성경(한문 성경)을 던져 주었으나 그들은 받지 않고 돌로 응수했다. 그러자 토마스 목사는 무릎을 꿇고 기도하기를 "한국민족을 구원해 달라"라고 부르짖었다. 이것을 본 관군들은 토마스 목사를 죽인 다음 성경을 가지고 집으로 돌아갔다.

토마스 목사를 죽인 관군의 조카가 이태영인데 이 사람이 후에 예수 믿고 레이놀드 박사의 성서 번역 사업을 도왔고 또 셔어먼호가 불타는 광경을 보았던 12세 소년 최치량은 토마스 목사에게서 성경 세 권을 받았다. 이 성경은 많은 사람의 영혼을 살리는 데 큰 힘이 되었다.

『천로역정』을 쓴 유명한 영국 종교 작가 번연이 12년 동안 옥중에 갇혀 있을 때, 간수가 말하기를 "네가 오늘이라도 옥외 전도를 안 하겠다고 하면 이제 곧 놓아주겠다"라고 했다. 그러자 번연은 대답하기를 "네가 오늘 나를 놓아주면 오늘부터 옥외 전도를 하겠다"라고 말했다.

신자가 언제라도 하지 않을 수 없는 것은 전도이다.

**영**국의 선교사로서 독일 전도에 크게 공헌하여 〈독일의 사도〉로 불리는 보니파티우스가 73세 되는 때였다. 사람들이 그더러 이제는 은퇴하라고 하자 보니파티우스는 말했다.

"복음을 듣지 못한 사람이 이 세상에 있는 동안 나는 복음 전도하는 일을 하는 것이 사명이다."

그는 고령의 몸으로써 죽기 전 해에 네덜란드의 프리슬란드에 가서 전도하다가 동행자들과 함께 폭도의 습격을 받아 순교했다. 실로 전도는 일생을 두고 할 일로, 연령이 문제 될 것 없는 것이다(고전 9:16).

**깡**패 이승철 씨는 김종성 씨가 전도한 사람이다.

그는 믿기를 완강히 거부했던 사람이었다.

이승철 씨는 이렇게 말했다.

"당신이 사형수만 아니면 나는 벌써 성경과 찬송을 똥통에 처넣었을 것이오. 세 번째 들어왔을 때도 성경과 찬송을 받았는데 첫 장을 펴 보니 마태복음인가 동태복음인가 하는 곳에 에이브러햄 링컨인가 하는 사람이 누구를 낳고 누굴 낳고 꽤 많은 인간을 낳기는 낳은 모양인데 내게는 흥밋거리도 안 되는 이야기여서 그 첫 장부터 찢어 담배를 말아 피웠소. 당신이 사형수만 아니었던들 나는 또 그렇게 했을 것인데 꾹 참고 있는 거요. 그러니 내게 전도할 생각은 아예 마시오."

그러나 이승철 씨도 김종성 씨의 끈질기고 열심있는 전도에 굴복하고 말았다.

"내 평생 이토록 나를 생각해 준 뜨거운 사랑을 받아본 일이 없습니다. 형님, 이젠 저도 올바른 사람이 되어 남을 위해 살면서 하나님을 기쁘시게 하고 싶습니다."

프랑스 리용의 부자 상업가이던 왈도는 그 친구가 급사를 하자 개심하여 1173년경부터는 성경의 내용을 알고 싶은 마음에 애를 태우기 시작했다. 그러나 그는 라틴어를 읽을 줄 몰랐으므로 성경은 그에게 있으나 마나 한 책이었다.

그는 돈을 좋아하는 수도사 두 사람을 고용하여, 그때 교회가 엄격히 금지하는 법을 어기면서 성경을 남부 프랑스의 방언인 프로방스어로 번역하게 하였다. 이 정직한 사람은 하나님의 말씀을 읽고 크게 감동하여 자기 사업을 버리고 가난하게 살겠다는 맹세를 했다. 그리고 하나님의 말씀을 쉬운 말로 전도하기 위해 자기 몸을 바쳤다.

1179년에 로마 교황은 그가 가난하게 살겠다고 맹세한 것은 인정하였으나, 그가 전도하겠다는 것은 허락하지 않았다. 그 이유는 라틴어도 모르는 사람이 무슨 진리를 전도하겠느냐는 것이었다. 그러나 전도의 결과는 오히려 반대였다. 교회에서 사용하는 라틴어로의 전도는 듣는 사람들을 얼떨떨하게 만들었으나 왈도의 순박한 전도는 사람들의 영혼을 깨어나게 하였다. 사람들에게 회개하라고 외치는 그의 말은 훌륭하지는 못하였으나 능력은 있었다. 그리하여 많은 제자를 얻게 되었고 그들도 전도하게 되었다.

그런데 그와 그 제자들의 전도는 거의 다 성경의 구절을 보통 말로 읽어 주는 것이었고, 이 한미(寒微)한 전도인들이 부르짖은 것은 당시 교회의 그것과는 달랐다. 즉, "시제(施濟)와 미사는 죽은 사람을 위하여 아무 소용이 없고, 연옥(鍊獄)은 성경적이 아니며 감독의 사죄(赦罪)는 효험이 없는 것이고 기도는 화려한 교회 속에서보다 골방의 비밀한 곳에서 하는 것이 더 가치 있으며, 용서를 받는 것은 교회에서 공포함으로 되는 것이 아니라, 겸손하고 회개하는 마음으로 되는 것이다"라고 하였다.

이런 전도는 진실 된 사람을 많이 얻었지만 반대로 강렬한 반대도 많이 일으켰다. 1194년 스페인 왕 알폰소 2세는 왈도를 추종하는 자들에게 음식을 주는 사람이나, 이 불법 전도자의 전도를 들은 사람은 가산을 몰수하고 형벌을 주겠다고 을러대었다.

그들은 당시 교권의 탄압을 피하여 산간에 거하면서 영적 실력을 배양하였고 특히 국내 선교 운동에 힘썼다.

1211년에는 스트라스부르크에서 80명의 왈도파 선구자들이 그 신앙을 내버리지 않는다는 이유로 화형을 당하였다. 그러나 이 교파는 독일, 프랑스, 보헤미아, 헝가리, 폴란드 등지로 퍼져 나갔다. 왈도파 전도인들은 목수로, 상인으로, 대장장이로, 재봉사로, 행상인으로 가장하고 집집마다 다니면서 비밀히 전도했다. 그들은 어디서나 자기들의 전도를 들으려는 사람을 만나면 소망과 신앙의 기쁜 소식을 전했다. 쩨제이 와일리(Wylie)라는 역사가는 다음과 같이 말했다.

"그들이 물건을 팔면서 전한 하나님의 말씀은 값을 받지 않고 준 것이지만 그들의 물품(비단)보다 귀하였다."

그들은 손으로 쓴 성경의 몇 부분을 그 물품들 가운데 감추어 가지고 다니면서 집집에 들어가 하나님의 말씀을 베낀 것으로 사람들의 주의를 끌었다. 그리하여 그들은 남부 유럽과 중부 유럽의 그 어느 나라에든지 발을 들여놓지 않은 곳이 없었다. 그들은 무엇보다도 귀한 일을 하였던 것이다. 그리하여 하나님의 진리를 받아들인 사람들을 "친구들"이라고 불렀다.

그런데 이 친구들에게 기다리던 것은 무엇이었을까?

박해가 기다리고 있었을 뿐이었다. 실로 왈도파는 부단히 박해를 받으면서 오늘에 이르렀다. 오늘날 종교 개혁의 선구로 보고 있는 그들의 전도의 역사에 있었던 것은 실로 박해뿐이었다. 이것은 예나 지금이나 다를 것이 없다. 언제나 전도에는 핍박이 따르는 것이다.

가족, 이웃, 민족에게 가장 귀한 일은 무엇보다 복음을 전하는 것이다.

# 구원 받기 위해
# 믿고 알아야 할 것

1. 하나님께서 인간을 사랑하여
   행복하게 살 수 있도록
   창조하셨습니다.

● 창세기 1장 28절
"하나님이 그들에게 복을 주시며 그들에게 이르시되 생육하고 번성하여 땅에 충만하라, 땅을 정복하라, 바다의 고기와 공중의 새와 땅에 움직이는 모든 생물을 다스리라 하시니라"

● 예레미야 29장 11절
"나 여호와(하나님)가 말하노라 너희를 향한 나의 생각은 내가 아나니 재앙이 아니라 곧 평안이요 너희 장래에 소망을 주려 하는 생각이라"

2. 그러나 인간은 죄를 지어
   하나님으로부터
   분리됐습니다.

● 로마서 3장 23절
"모든 사람이 죄를 범하였으매 하나님의 영광에 이르지 못하더니"

● 이사야 59장 2절
"오직 너희 죄악이 너희와 너희 하나님 사이를 내었고 너희 죄가 그 얼굴을 가리워서 너희를 듣지 않으시게 함이니"

## 3. 인간이 지은 죄 때문에
인간에게 죽음과 고통과
불행과 심판이 오게 됐습니다.

● 로마서 6장 23절

"죄의 삯은 사망이요 하나님의 은사는 그리스도 예수 우리 주 안에 있는 영생이니라"

● 히브리서 9장 27절

"한번 죽는 것은 사람에게 정하신 것이요 그 후에는 심판이 있으리니"

## 4. 인간들은 종교나 교육이나 선행이나
어떤 방법으로도 하나님과의
관계를 회복할 수 없습니다.

● 사도행전 4장 12절

"다른 이로서는 구원을 얻을 수 없나니 천하 인간에 구원을 얻을만한 다른 이름을 우리에게 주신 일이 없음이니라 하였더라"

● 요한복음 14장 6절

"예수께서 가라사대 내가 곧 길이요 진리요 생명이니 나로 말미암지 않고는 아버지께로 올 자가 없느니라"

## 5. 예수님께서 우리 죄를
대신해 죽으셨습니다.
그러므로 누구든지
예수 그리스도를 믿기만 하면
우리의 모든 죄가 용서되고,
구원을 선물로 받고,
하나님의 자녀가 됩니다.

- 요한복음 3장 16절

"하나님이 세상을 이처럼 사랑하사 독생자를 주셨으니 이는 저를 믿는 자마다 멸망치 않고 영생을 얻게 하려 하심이니라"

- 로마서 5장 8절

"우리가 아직 죄인 되었을 때에 그리스도께서 우리를 위하여 죽으심으로 하나님께서 우리에게 대한 자기의 사랑을 확증하셨느니라"

- 에베소서 2장 8-9절

"너희가 그 은혜를 인하여 믿음으로 말미암아 구원을 얻었나니 이것이 너희에게서 난 것이 아니요 하나님의 선물이라 행위에서 난 것이 아니니 이는 누구든지 자랑치 못하게 함이니라"

## 6. 구원받아 하나님의 자녀가 되면 하나님께서 우리에게 영원한 생명과 풍성한 생활을 주십니다.

- 요한복음 10장 10절

"도적이 오는 것은 도적질하고 죽이고 멸망시키려는 것뿐이요 내(예수님)가 온 것은 양으로 생명을 얻게 하고 더 풍성히 얻게 하려는 것이라"

- 요한복음 10장 28절

"내가 저희에게 영생을 주노니 영원히 멸망치 아니할 터이요 또 저희를 내 손에서 빼앗을 자가 없느니라"

## 7. 하나님의 자녀가 되려면 예수 그리스도를 믿겠다고 선택해야 합니다.

- 요한계시록 3장 20절

"볼찌어다 내가 문밖에 서서 두드리노니 누구든지 내 음성을 듣고 문을 열면 내가 그에게로 들어가 그로 더불어 먹고 그는 나로 더불어 먹으리라"

● 요한복음 3장 18절

"저를 믿는 자는 심판을 받지 아니하는 것이요 믿지 아니하는 자는 하나님의 독생자의 이름을 믿지 아니하므로 벌써 심판을 받은 것이니라"

● 로마서 10장 9절

"네가 만일 네 입으로 예수를 주로 시인하며 또 하나님께서 그를 죽은 자 가운데서 살리신 것을 네 마음에 믿으면 구원을 얻으리니"

## 믿음으로 결정할 때 영생(영원한 생명)이 주어집니다.

당신이 예수님을 구세주와 주님으로 마음에 믿고, 말로 믿는다고 고백하면 하나님의 구원, 즉 영원한 생명의 큰 복을 받습니다.

당신의 마음 중심에 주 예수 그리스도가 구세주와 주님으로 믿어지게 해 달라고 기도해 보십시오! 놀랍게도 믿어집니다.

이것은 하나님의 은혜이고 하나님의 선물입니다.

하나님께서 당신에게 예수 그리스도를 믿고 싶은 마음을 허락해 주시길 기도하며 축복합니다.

이제 아래에 기록된 기도문을 믿는 마음으로, 당신의 마음과 입술(말)로 고백하기 바랍니다.

그 순간 영생(영원한 생명)의 선물을 받게 됩니다.

하나님은 당신을 지금 이 순간에도 사랑하십니다.

> "하나님, 제가 지은 모든 죄와, 앞으로 지을 모든 죄까지, 영원히 용서해 주시기 위해, 그리고 저에게 하나님의 자녀가 되어 영원한 생명과 풍성한 생활을 주시기 위해, 십자가에서 저의 죄를 대신해 돌아가신 예수님의 공로를 믿습니다.
> 그리고 지금 마음으로 예수님이 나의 구세주와 주님이심을 믿고 영접합니다. 기쁘게 저를 받아주신 주 예수 그리스도의 이름으로 감사하며 기도합니다. 아멘!!"

**"영접하는 자 곧 그 이름(예수님)을 믿는 자들에게는
하나님의 자녀가 되는 권세를 주셨으니"** – 요한복음 1장 12절

# NOTE

망망한 바다 한가운데서 배 한 척이 침몰하게 되었습니다.
모두들 구명보트에 옮겨 탔지만 한 사람이 보이지 않았습니다.
절박한 표정으로 안절부절 못하던 성난 무리 앞에 급히 달려 나온 그 선원이
꼭 쥐고 있던 손바닥을 펴 보이며 말했습니다.
"모두들 나침반을 잊고 나왔기에… "
분명, 나침반이 없었다면 그들은 끝없이 바다 위를 표류할 수 밖에 없을 것입니다.

우리는 삶의 바다를 항해하는 모든 이들을 위하여
그 나침반의 역할을 하고 싶습니다.
우리를 구원하신 위대한 주 예수 그리스도를 널리 전하고 싶습니다.

"하나님은 모든 사람이 구원을 받으며
진리를 아는 데에 이르기를 원하시느니라"
(디모데전서 2장 4절)

힘을 다하여 **주님을 증거하라**
김장환 목사와 함께 / 주제별 설교 · 성경공부 · 예화 자료

발행처 | 나침반출판사
발행인 | 김용호

개정판 | 2021년 7월 15일

등    록 | 1980년 3월 18일 / 제 2-32호
본    사 | 07547 서울특별시 강서구 양천로 583
          블루나인 비즈니스센터 B동 1607호
전    화 | 본사 (02) 2279-6321 / 영업부 (031) 932-3205
팩    스 | 본사 (02) 2275-6003 / 영업부 (031) 932-3207
홈    피 | www.nabook.net
이    멜 | nabook365@hanmail.net

ISBN  978-89-318-1614-3
책번호  마-1204

※이 책은 김장환 목사님의 설교 자료와
여러 자료를 정리 편집해 만들었습니다.

값은 뒤표지에 있습니다.